DE

L'ENSEIGNEMENT CATHOLIQUE

SUR

L'ABOLITION DE L'ESCLAVAGE

SUR LA

DIGNITÉ DE LA FEMME

SUR LA

SOUVERAINETÉ DU PEUPLE

Par l'Abbé de Vielbanc

ADMINISTRATEUR DE L'HOPITAL GÉNÉRAL DE THOUARS.

Narrandum.

POITIERS

IMPRIMERIE DE HENRI OUDIN

SUCC. DE F.-A. BARBIER

1848

I. Préambule.

Frères et concitoyens,

De graves événements politiques viennent de s'accomplir parmi nous : ils montrent une fois de plus au monde la vanité et l'instabilité des grandeurs humaines; toutefois, le souffle de l'orage n'emporte que ce qu'il y avait de périssable dans les institutions du passé; la nation vit, la patrie reste, mais le principe divin et immortel de nos devoirs parle haut à cette heure solennelle! Il nous faut élever à la France un avenir solide, que les passions ne puissent ébranler! Labeur grand et saint qui demande pour son action libre et utile le pieux et civique recueillement de tous les cœurs, comme le concours énergique et sage de toutes les intelligences. Moments suprêmes où se va donner un grand et nouveau spectacle au monde! Il ne s'agit pas, en effet, de régler les seuls intérêts d'un peuple, mais ceux même de l'humanité. L'histoire donc écoute, afin de redire aux générations futures notre stérilité et notre honte ou notre fécondité puissante et notre gloire, selon que dans nos assemblées vont siéger nos vices ou nos vertus.

Pénétré de la grandeur de la mission civilisatrice à laquelle la nation est appelée, je prie Dieu pour que chaque citoyen soit à la hauteur de l'œuvre. Heureux celui qui, dépouillant le vieil homme, repoussera les dangereuses affections de parti, les préjugés qu'ont enfantés des éducations mal faites, les opinions obstinées si verbeusement produites par les économistes égarés dans des systèmes destructeurs qui peuvent pousser l'action sociale en des voies fatales à l'avenir humain. Qu'on y pense, et que cette noble pensée saisisse et domine l'âme toute entière. Mais Dieu qui conduit providentiellement l'humanité à ses destinées futures ; Dieu qui protége la France et lui a remis le dépôt des idées saines, le sentiment profond du bien, l'énergie du dévouement, la puissance intellectuelle ; Dieu qui veut faire de notre patrie une terre libre et glorieuse, ne permettra pas qu'autour de nous s'amoncellent des ruines. Nous devons vivre d'espoir, car le temps est venu user le mauvais côté des choses. N'ai-je pas vu en des jours difficiles, les intérêts, les divergences, les compétitions de partis disparaître devant les besoins du pays pour assurer la liberté de la famille, de la commune, de la conscience ? Le département des Deux-Sèvres, j'en suis assuré, ne restera pas en arrière de l'évolution des idées de justice et d'ordre qui se produit aujourd'hui pour la bonne fortune de la France.

Je viens d'apprendre, chers concitoyens, que le conseil municipal de Thouars, en effet, s'est empressé d'offrir son concours énergique et loyal au pouvoir provisoire qui mène les affaires publiques. J'ai l'honneur de faire partie de cette assemblée : mon absence m'a empêché de signer cette sage adhésion : j'espère que, si mon nom manque à ce document, vous n'avez pas douté de mon dévouement au bien, de mes vœux et de mes efforts pour l'enfanter et le féconder dans l'ère nouvelle qui s'ouvre pour tous. Je ne suis qu'un homme obscur, mais quelquefois la providence m'a confié les intérêts du peuple souffrant ; je les ai défendus et servis avec toutes les forces et la vie de mon cœur. Aujourd'hui encore, comme hier, comme toujours, je suis acquis à la société où les grands principes de fraternité, d'égalité, de liberté que le divin fondateur de ma religion sainte a donnés à son prêtre mission de prêcher au monde, seront le mieux compris et le plus franchement mis en pratique. L'acte émané des autorités municipales de Thouars vous a montré, chers concitoyens, que dans notre cité, il est des magistrats dont l'amour du pays est la première affection et la réalisation de son bien-être le plus sacré des devoirs. Cependant on m'a informé que notre Conseil vient d'être signalé à l'autorité publique, comme le résultat d'élections qu'avait dirigées UNE INFLUENCE DE SACRISTIE. Ces expressions sont tristes à lire ; c'est un vieux langage que les hommes éclairés et justes repoussent comme la malheureuse parole de préjugés déplorables. Je les ai considérées comme les restes d'une inscription fruste placée sur un monument élevé dans le mauvais temps des peuples, et que la profonde intelligence des sociétés modernes démolit à chaque heure. Mais par une loi bienveillante de Dieu, tous les hommes ne s'avancent pas de front et d'un pas égal vers la lumière et la vérité : dès lors nous devons trouver dans la langue d'un petit nombre des formes vieillies, et rencontrer au milieu de nous des personnes qui comprennent peu les temps nouveaux. Ce mal n'a donc rien qui doive étonner, mais il afflige ; j'espère qu'il n'est qu'à la surface de la société : autrement notre marche serait lourde et pénible. En effet, il ne s'agit pas à cette heure de montrer une extrême pénurie de pensée, une absence lamentable de toute science historique, de faire une halte d'épuisement et d'évoquer les erreurs haineuses des races écoulées pour leur emprunter des paroles. Non, non ! il faut créer avec les moyens qui sont à nous et les lumières de notre expérience pour satisfaire aux besoins de notre époque. Imiter, c'est prouver la stérilité de l'esprit, le vide de l'âme, une grande impuissance d'aller à l'avenir ; nous sommes dans une ère de rénovation, et les peuples ne peuvent point tourner la tête en arrière pour marcher à reculons dans la nuit. — Laissons en paix les générations qui dorment; le passé, c'est la mort. Voulons-nous méconnaître le mouvement ascensionnel de l'intelligence humaine qui, chaque jour, sépare la vérité du mensonge? Pouvons-nous nier le progrès? Ne sentons-nous pas d'ailleurs dans nos cœurs ces providentielles aspirations vers les régions lointaines de l'avenir? Pourquoi? Ah! c'est que l'homme doit y trouver la possession et la jouissance de sa personnalité dans de libres actions, la douce patrie, l'alliance des peuples ! La France est travaillée par ce pressentiment profond; elle a soif de tranquillité, de sécurité, d'ordre, de fraternité ; elle a conscience de sa mission civilisatrice dans le monde. Qui oserait à cette heure solennelle la troubler par des cris sacriléges de haine et de menace? A l'Orient reluisent de splendides jets de lumière, ne tournons pas nos regards vers le couchant. L'aigle dont l'œil ne peut fixer le soleil est le roi dégénéré de l'empire des airs. L'homme qui ne voit rien aux sources du jour, qui va remuer la poussière des tombes pour y retrouver les passions éteintes, cet homme est déchu : il s'acharne à la terre, courbe son front, vit des instincts et met en péril les sociétés, car il a perdu le feu divin qui place dans le cœur de généreuses pensées de charité et d'alliance : c'est un néant rebelle !... loin de toi, ô ma sainte patrie, des agents de désordre et de ruine !

Mais grâce à Dieu le sentiment démocratique n'a rien et ne peut rien avoir de la fièvre inquiète et de la turbulence d'une autre époque; car pour se déployer, fleurir et produire les fruits d'union et de vie familiale dans la société, il n'a pas à briser aujourd'hui les obstacles qui comprimaient à la fois la personnalité du vassal et du suzerain au jour de la puissance féodale. D'un autre côté les abbayes commandataires sont disparues. Le droit d'ainesse ne livre plus à des cadets appauvris les gros bénéfices, le cumul scandaleux des siéges épiscopaux. Il n'introduit pas dans le sanctuaire des lévites que Dieu n'a pas appelés. Le clergé n'a que la pauvreté et des devoirs : mais il trouve encore dans son âme religieuse pour le donner aux hommes le nom sacré de frère, mot d'amour que du haut de sa chaire, il fait entendre depuis dix-huit siècles à l'humanité qui, je l'espère, est aujourd'hui attentive et intelligente.

Cependant à cet endroit, je dois être indulgent par devoir et par souvenir du passé. N'ai-je pas vécu des préjugés qui troublent quelques esprits? N'ai-je pas méconnu le génie civilisateur, la doctrine supérieure du christianisme et tout ce qu'elle a introduit de richesse intellectuelle dans le monde? J'étais étranger à l'Eglise ; mais lorsque je me suis rapproché du sanctuaire, une science profonde, étendue, puissante me fut révélée. La vérité pour la première fois me fit tressaillir en moi; je reconnus sur le front de l'homme la dignité ; je trouvai dans son âme la source divine de cette fraternité qui l'attache à l'homme dans les grandes œuvres du bien public. Comment aurais-je encore accusé l'église de repousser le développement des libertés civiles, alors que j'entendais sa voix solennelle proclamer au sein des nations l'inviolable personnalité de l'être intelligent qu'elle faisait le seul lien d'union entre Dieu et le monde?

II. Philosophie ancienne.

Cette grande et noble idée aujourd'hui si féconde puisqu'elle fait la vie même et la souveraineté des peuples, est la propriété exclusive de l'église. Elle n'était pas sur la terre, aucun esprit ne l'avait pensée, aucune parole ne l'avait parlée, lorsqu'elle fut révélée sur les bords du lac de Génézareth par un pauvre charpentier sans littérature, comme l'a dit si bien M. de Châteaubriand : douze pêcheurs ignorants, dépositaires de cette divine idée, la portèrent à la Grèce, à Rome, au monde. Tout se changea, se spiritualisa, jusqu'à la signification des mots.

Les idées par une loi bienveillante d'en haut, quelle que soit d'ailleurs leur puissance, n'ont qu'une existence très précaire, tant qu'elles ne sont pas réalisées : elles n'ont qu'une valeur contestable tant qu'elles ne sont pas devenues sensibles dans une institution durable et produisant l'ordre nécessaire à la vie. Ce mouvement qu'elles communiquent, la direction qu'elles donnent, renversent les idées fausses qui avaient jeté les choses ou les hommes dans un état anormal : ils anéantissent avec le temps les intérêts exclusifs qui avaient une suprématie et des priviléges d'usurpation. Toute idée si prônée qu'elle puisse être par la fantaisie des hommes, disparaît dans la nuit de l'oubli, ou succombe sous le dédain, si elle ne parvient pas à prendre une forme sensible, si elle n'acquière pas un organe qui la fasse entendre et respecter. Or il n'y a de respectable que ce qui est sage ; et la sagesse n'est que l'intelligence développée dans l'ordre. « C'est pourquoi, dit Balmès,
» toute idée qui veut agir sur la société et prétend s'assurer
» un avenir, tend nécessairement à créer une institution

» qui la représente et qui la personnifie. Non contente de
» s'adresser à ces intelligences et de descendre par les
» moyens indirects au terrain de la pratique, elle s'atta-
» che à demander à la matière ses formes : elle fait en
» sorte de se présenter d'une manière palpable aux yeux
» de l'humanité. » Mais l'humanité la rejette aussitôt
que cette réalisation porte atteinte à sa loi d'existence
et tend à enrayer sa marche vers ses destinées providentielles.

Ces vérités sont si incontestables que les hommes de génie qui s'occupèrent le plus de spéculations philosophiques, s'efforcèrent par toute la vigueur de leur esprit, de les coordonner, de les ériger en système et d'en déduire une formule sociale ; car ils comprenaient que la philosophie serait une vaine chimère, si elle ne pouvait s'appliquer à la vie de l'homme et la rendre autant excellente que possible.

Platon après avoir fouillé les archives de l'Inde, les vieux temples de l'Egypte où tant de science vivait dans les sanctuaires; après avoir interrogé Pythagore et recueilli tout ce qu'avait pensé la Grèce, copié Moïse qui vivait six siècles avant l'Académie, Platon composa son système philosophique, syncrétisme brillant par l'éloquence, mais où l'imagination a plus fourni que la vérité, mais où l'on trouve en dépit de l'enthousiasme de son école, plus de fantaisie que de profondeur. Subissant la loi nécessaire que je viens d'énoncer comme la condition de la valeur des idées, Platon voulut tracer les institutions d'une république. Quelle est donc la forme sensible, l'organe qui parle la pensée du philosophe grec et la doit appliquer à la vie de l'homme ? La nation hellène seule est digne de la liberté : les autres peuples sont barbares, bannis de la république comme races inférieures. L'humanité n'existe plus :

le platonisme proclame la justification et la sanctification de l'esclavage !... La femme ? c'est encore LA MÈRE DES FORMES, un être sans volonté ! l'homme est maître, le moraliste prescrit la promiscuité, la communauté des enfants, et entre les sexes des relations si infâmes que je n'ose les nommer. Ainsi donc le publiciste de l'Académie formait une société sans famille, des femmes sans chasteté, des hommes sans pudeur et sans frein !

Un autre génie s'éleva haut dans les spéculations philosophiques: Aristote, d'abord de l'Académie, se sentit assez de puissance pour ouvrir une école, il se sépara du maître dont il repoussa la théorie des idées. Platon en appelant A PRIORI la conviction intérieure, qui fuit l'expérience et échappe à l'analyse, cherche le principe de toute connaissance dans ces idées : le stagyrite essaya une voie toute contraire. Il invoqua l'expérience et prit pour point de départ les perceptions des sens. Il écrivit des faits et basa les sciences sur l'observation de la nature. Aristote pour servir ses actes d'analyse, créa la grammaire et la logique, instruments nécessaires aux recherches scientifiques ; mais renfermé dans la méthode d'observation et de critique, il n'alla pas au delà de la classification des espèces et des genres. Platon, a-t-on dit, créait des républiques dans des livres, tandis qu'Aristote composait des livres sur les républiques.

J'ai dit la valeur des républiques de Platon : quelle est donc la politique du stagyrite? Il faut en vérité quelque courage pour reproduire les affirmations d'un système d'économie détestable et dégradant qui outrage la nature ainsi qu'elle fait la honte de l'humanité et le scandale de la raison. Mais laissons parler le MAITRE, comme s'exprimait la Grèce dans son admiration : « Si l'on compare l'homme et la » femme, on trouve que le premier est supérieur ; c'est

» pourquoi il commande : La femme est inférieure, c'est
» pourquoi elle obéit : la même chose doit avoir lieu entre
» tous les hommes. C'est ainsi que ceux d'entr'eux qui
» sont aussi inférieurs par rapport aux autres que le corps
» l'est par rapport à l'âme et l'animal par rapport à
» l'homme, ceux dont les facultés consistent principale-
» ment dans l'usage du corps, unique service que l'on
» puisse en tirer, ceux-là sont NATURELLEMENT esclaves.
» Ainsi la femme et l'esclave sont distingués par la nature
» elle-même. » Rien n'est plus explicite, et ces affirmations
consacrent la fatalité des conditions serviles, et placent la
femme et les esclaves au nombre des choses. Ainsi la nature produit selon le penseur grec, des hommes de deux espèces : les uns nés pour la liberté, les autres nés pour
l'esclavage. Il examine par la méthode du naturaliste ces
espèces, comme il ferait des variétés ou des hybrides d'un
animal ou d'une plante. Il est important de transcrire ce
passage : « La nature a soin de créer les corps des hommes
» libres différents des corps des esclaves : les corps de ceux-
» ci sont robustes et propres au service de première né-
» cessité : ceux des hommes libres, au contraire, bien
» formés, quoiqu'inutiles pour les travaux serviles, sont
» aptes à la vie civile, laquelle consiste dans le maniement
» des choses de la guerre et de la paix. Cependant il arrive
» souvent le contraire : il échoit aux hommes libres un
» corps d'esclave et à l'esclave une âme libre. Il n'y a pas
» de doute que si le corps de quelques hommes l'emportait
» sur les autres par autant de perfections que l'on en voit
» dans les images des Dieux, tout le monde serait d'avis
» que ces hommes fussent servis par ceux qui n'auraient
» pas la même beauté en partage. Si cela est vrai en par-
» lant de l'âme, bien qu'il ne soit pas aussi facile de voir

» la beauté de l'âme que celle du corps, ainsi on ne peut
» douter qu'il n'y ait quelques hommes nés pour la liberté,
» comme il y en a d'autres nés pour l'esclavage : esclavage
» non seulement utile aux esclaves eux-mêmes, mais encore
» JUSTE !!! » A ce dernier outrage fait à la justice de Dieu
une voix catholique s'est écriée dans son indignation :
« Philosophie misérable et cruelle qui s'efforçait ainsi de
» briser les liens de fraternité par lesquels l'auteur de la
» nature a voulu enlacer le genre humain, prétendant élever
» une barrière entre l'homme et l'homme et forgeant des
» théories pour soutenir l'inégalité, non cette inégalité qui
» est le résultat de toute organisation sociale et qui respecte
» la dignité humaine, mais une inégalité aussi dégradante
» et aussi terrible que celle de l'esclavage ! »

La philosophie grecque soutenue par les génies les plus profonds, a donc toujours méconnu la personnalité et la dignité de l'homme ; elle a dégradé la femme, elle a consacré la différence fatale des castes, et donnant au peuple grec seul, le droit d'être libre, elle a relégué dans des rangs inférieurs le reste des nations qu'elle flétrit du nom de barbares. L'école néoplatonicienne n'apporta rien au monde, si ce n'est l'éclectisme : système malheureux, qui depuis des siècles rejette l'Allemagne au nombre des peuples qui n'ont pas de nationalité. Et qu'on ne dise pas le contraire, car Plotin ouvrit à Rome son école de platonisme à peu près l'an 260 de l'ère vulgaire : cette école produisit l'école d'Alexandrie : or, à cette époque, l'église catholique complétement organisée, au point de vue du dogme et au point de vue de la discipline, avait déjà répandu d'immenses lumières et poussé l'humanité à la conquête de la souveraineté intellectuelle. Oui, rien n'était alors plus profondément, plus exclusivement chrétien que les mots

inscrits sur le drapeau des sociétés modernes : Liberté, égalité, fraternité. Les peuples tressaillaient d'une sainte joie, et comprenaient déjà l'avenir de la grande et universelle famille. C'est donc avec un noble sentiment de fierté et de vérité que l'illustre et vénérable évêque de Langres a pu dire naguère aux catholiques de son diocèse : « Loin
» de les répudier ces mots sublimes, le christianisme les
» revendique comme son ouvrage, comme sa création :
» c'est lui, c'est lui seul qui les a introduits, qui les a con-
» sacrés, qui les a fait pratiquer dans le monde. On a pu
» les lui ravir, on a pu les faire tourner contre lui, on a pu
» même les profaner en son nom, mais jamais on n'a pu
» les profaner ni les méconnaître en suivant ses lois. »

Il est, je le sais, des hommes d'étude et de savoir, d'un grand art de style et habiles travailleurs d'idées qui affirment encore que notre doctrine d'or, notre catholicisme, n'est qu'un syncrétisme d'un certain mérite ou même un pur mythisme. L'Inde mystérieuse aurait fourni les précieux documents de nos dogmes émanés de son incompréhensible Trimourti. Platon et Aristote avaient, je le crois, beaucoup emprunté à cette école : mais la théologie indienne ne fit jamais connaître et ne consacra point la personnalité de l'homme. Elle a sanctionné la fatale différence des castes et leurs immuables fonctions dans la société. « Lorsque le divin Maître a destiné d'abord tel ou
» tel être animé à une occupation quelconque, cet être
» l'accomplit de lui-même toutes les fois qu'il revient au
» monde. Quelle que soit la qualité qui lui soit donnée en
» partage au moment de la création, la méchanceté ou la
» bonté, la douceur ou la rudesse, la vertu ou le vice, la
» véracité ou la fausseté, cette qualité vient le trouver spon-
» tanément dans les naissances qui suivent. De même que

» les saisons, dans leur retour périodique, reprennent
» naturellement leurs attributs spéciaux, de même les
» créatures animées reprennent les occupations qui leur
» sont propres. Cependant pour la propagation de la race
» humaine, de sa bouche, de son bras, de sa cuisse et de
» son pied, il produisit le Brâhmane, le Kchatriga, le
» Vaysia et le Soudra. »

Comment le sentiment sacré de la dignité humaine, les nobles espérances de l'humanité, la souveraine égalité des nations, la grande pensée de l'alliance des peuples sortiraient-ils de cet effroyable fatalisme? Que peut produire cette métempsycose qui fait renaître fatalement le mal ou le bien.

III. Christianisme. — Dignité de l'homme.

Le christianisme maintenant va faire entendre sa puissante voix au monde. Le cœur se dilate, l'âme s'éveille, l'humanité trassaille à ces nobles accents. Cette doctrine sacrée proclame hautement les grands principes d'une fraternité et d'une égalité sainte dans cette Grèce où Platon et Aristote ont donné les lois dégradantes de leurs politiques. Ecoutez! Paul parle aux hommes des nations : «Vous êtes tous enfants
» de Dieu par la foi qui est en Jésus-Christ, car vous tous
» qui avez été baptisés en Jésus-Christ, vous avez été revêtus
» de Jésus-Christ : il n'y a plus de juifs ni de grecs : il n'y
» a plus d'esclaves ni de libres, il n'y a plus d'hommes ni de
» femmes! mais vous n'êtes tous qu'un en Jésus-Christ. »

Mais la parole divine même, le Verbe sorti du sein du Père, intelligence co-éternelle, qui connaît son amour suprême pour l'humanité, alors qu'elle était visible dans ce monde, avait dit à l'homme : LORSQUE VOUS PRIEZ, DITES seulement : Notre Père qui êtes au ciel ! Ainsi un seul père, une seule famille ! Et lorsque les princes de la terre et les esclaves courbés au même autel, invoquent celui qui soutient l'âme aux jours difficiles, tous, ils font entendre la même prière : « Notre Père ! » Et du saint lieu où repose le pain de vie qui se donne à tous, une voix qui remue le cœur, dit : « Soyez un comme mon » Père et moi nous sommes un ! Vous êtes tous frères, » aimez-vous les uns les autres ! » Ah ! est-on frère de celui qu'on opprime : aime-t-on celui qu'on dégrade ? mais il n'y a plus d'oppression : l'homme n'est plus avili ; sur tous éclate la dignité de la personne « là où il n'y a ni gentils, » ni juifs, ni circoncis ni incirconcis, ni barbares, ni scytes, » ni esclave, ni libre ; où Jésus-Christ est tout en tous : » c'est-à-dire où règnent dans une sainte harmonie la liberté, l'égalité, la fraternité ; c'est-à-dire où les peuples sont frères, comme les hommes sont frères..... où l'humanité se révèle !.... où l'universelle famille se constitue en accomplissant la loi d'intelligence et d'ordre, sa loi providentielle.

Si le vieux monde veut encore se mouvoir dans le dur orgueil de son vieil homme, si la foule égarée viole la sainte loi d'égalité, la voix des inspirés de Génézareth fait entendre de sévères répréhensions ; elle en appelle à la souveraineté de Dieu, à la dignité humaine. « Mes frères, n'asservissez » pas la foi que vous avez de la gloire de Notre-Seigneur » Jésus-Christ à des personnes, car s'il entre dans votre » assemblée un homme qui ait un anneau d'or et un habit » magnifique, et qu'il y entre aussi quelques pauvres avec » un méchant habit, et qu'arrêtant votre vue sur celui qui » est magnifiquement vêtu, vous lui disiez en lui présentant » une place honorable : asseyez-vous ici, et que vous disiez » au pauvre : tenez-vous là debout, ou asseyez-vous à mes

» PIEDS ; n'est-ce pas là faire différence en vous-mêmes
» entre l'un et l'autre, et suivre des pensées INJUSTES dans
» le jugement que vous en faites?

» Ecoutez, mes frères, Dieu n'a-t-il pas choisi ceux qui
» étaient pauvres dans ce monde pour être riches dans la
» foi, et héritiers du royaume qu'il a promis à ceux qui
» l'aiment?.... et vous, au contraire, vous déshonorez le
» pauvre ! » Quelle admirable parole! VOUS DÉSHONOREZ LE
PAUVRE ! O pauvreté, tu n'es plus une abjection, mais dans
le monde chrétien tu deviens vénérable ! tu deviens une
dignité dont le Dieu fort revêt celui qu'il aime. Heureux
celui qui sait te porter noblement : malheur à celui que tu
fais rougir ou qui t'outrage ! Réglez donc, ajoute le saint
économiste, vos paroles et vos actions comme devant être
jugées par la loi de LIBERTÉ. Car si pour placer votre amour,
vous avez égard à la condition des personnes, vous êtes
condamnés par la loi comme en étant les violateurs.

La législation payenne avec sa dure oppression et son
dégradant esclavage avait jeté dans l'opprobre et creusé
dans la société des bas fonds où se remuaient des êtres déchus qui semblaient n'avoir plus de l'homme que la face.
Le christianisme fait luire une splendide lumière dans ces
ténèbres profondes ; il souffle sur ces âmes engourdies et
ces personnalités presque mortes, il les anime de la vie en
remettant en eux l'image du Verbe et l'esprit de Dieu :
l'intelligence et l'amour. La prééminence des castes disparaît, les honneurs ne sont pas rendus à la condition, mais
à la dignité humaine, c'est-à-dire à la beauté de l'âme. Or
la beauté réelle, dit S. Clément d'Alexandrie, c'est la vertu :
la beauté de la chair, c'est son immortelle incorruptibilité.
Ces qualités de l'homme, c'est l'œuvre qui les enfante ;
l'œuvre pour le bien de l'humanité. Le civisme de la terre

sage et dévoué, le civisme d'où vient le sacrifice volontaire qui prépare le civisme sublime de la cité de Dieu.

Une grande et puissante révolution se fit dans les idées : l'esprit s'éleva, le cœur s'élargit, et une transformation mystérieuse, mais énergique et irrésistible comme tout ce qui vient du ciel, travailla les sociétés de la terre. La charité était nécessaire, le christianisme l'apporta et organisa le service gratuit et populaire de la douleur. Des hommes revêtus comme le pauvre d'habits grossiers, marchant nu-pieds, sans que cette rudesse de vie ôtât rien à la dignité de leur personne et à la sérénité de leur âme, furent offrir à l'indigent le pain pour sa faim, et l'eau pour sa soif, l'économie du jeûne et de l'abstinence ; c'étaient des frères qui visitaient leurs frères et apportaient à leur cœur un baume que ne pouvait leur donner aucun spectacle. La vérité, disait-on, parlait au sein des écoles philosophiques, mais c'était si haut que le peuple ne pouvait l'atteindre Le christianisme façonna l'éducateur de l'esclave : ce serviteur gratuit et populaire fit abnégation de lui-même : il oublia ses aises pour aller trouver MON FRÈRE LE PEUPLE, comme a dit, avec l'éloquence de son cœur, le père Lacordaire ; pour aller chercher la douleur oubliée, qui dans la solitude gémissait et versait tant de larmes impuissantes. Cet instituteur s'était fait ainsi pour le seul plaisir de traiter de la vérité avec le peuple-serf, méprisé et déchu ; pour causer avec lui simplement de Dieu et de l'homme entre « LA SUEUR DU JOUR ET CELLE DU LENDEMAIN ». Ainsi venait au peuple non pas un livre mort, mais une chose sans prix : « UNE FOI VIVANTE, UNE AME DANS UNE PAROLE », la notion de la destinée de l'homme dans une vie d'amour, la vérité démontrée par l'œuvre et le sacrifice.

Lorsque les voluptés oppressives et violentes de la terre

pénètrent le cœur et le tuent jusqu'à pousser la femme dans l'horrible infamie qui lui fait jeter sur la voie publique l'enfant qu'elle a conçu et formé de son sang, le christianisme la suit dans les ténèbres dont elle veut envelopper son crime, et lorsque la mort se penche pour donner à la tombe l'innocente créature que se veut immoler l'opprobre, l'amour de Dieu s'approche modeste et caché : la Vierge-Mère, l'héroïque fille de charité, recueille l'orphelin, repousse la mort, sourit à l'enfant, le réchauffe, lui donne le sommeil et rend à Dieu une âme, et à la société un homme.

Le christianisme prudent en sa parole, sage dans sa marche, ne s'avançait pas au milieu des peuples en leur annonçant une libération soudaine, une société parfaite, des cités libres magiquement façonnées tout d'une pièce. Il révélait ses destinées providentielles à l'humanité, mais il lui montrait son labeur dans le temps. Il lui définissait le progrès qui enfante la civilisation par le développement de l'intelligence et de l'amour, mais il l'animait à produire l'œuvre par le déploiement de sa liberté dans l'ordre. Il lui montrait l'avenir humain conquis par l'effort dévoué des générations, ajoutant le devoir au devoir, mais n'atteignant sa fin dernière de libre et universelle famille que par le perfectionnement de l'homme et la formation de la conscience publique par le long usage de la vérité et l'habitude de la justice. Ainsi dans son enseignement après avoir proclamé la personnalité et la dignité de l'homme, il posa le devoir avant le droit, et réclama de la charité dévouée les vertus domestiques qui devaient régulariser la famille. Il traça les obligations du maître que Dieu éprouve par le dépôt du pouvoir : « Maîtres, témoignez de l'affection à vos serviteurs ; » ne les traitez pas avec rudesse et avec menace ; car vous » savez qu'il est un maître commun dans le ciel qui n'aura

» point d'égard à la condition des personnes.... que nul
» donc n'opprime son frère, ni ne lui fasse tort en aucune
» affaire. »

Il donna de même une belle mission à l'être que les éventualités sociales avaient rendu serviteur. Il leur demanda au nom de l'amour un sacrifice volontaire de leur liberté au profit de leurs frères, afin que l'excellence et la supériorité de la doctrine catholique fût manifestée : afin qu'elle pénétrât le cœur dur des maîtres par la noblesse et la grandeur de l'âme de l'inférieur. « Serviteurs soyez sou-
» mis à vos maîtres : soyez respectueux non seulement
» envers ceux qui sont bons et doux, mais même à ceux
» qui sont rudes et fâcheux. Que tous les serviteurs qui
» subissent le joug de la servitude, sachent qu'il leur faut
» rendre honneur à leur maître. Ils ne doivent pas exposer
» la doctrine de Dieu à la médisance des hommes. — Ne
» méprisez pas vos maîtres fidèles ; ils sont vos frères et
» dignes d'être aimés. » La religion achevant son enseignement sublime et civilisateur, disait à l'homme qui possède, commande et veut user de son patrimoine et de son pouvoir pour les agrandir; à l'homme qui peut, et veut user de son intelligence pour monter : la religion qui seule apprend à descendre et à se dépouiller volontairement, et par conséquent à s'associer, la religion disait et dit toujours au maître comme au serviteur : AUCUN DE NOUS NE VIT ET NE MEURT POUR SOI-MÊME.

L'église enseigne donc à haute voix les saines doctrines sur la dignité de l'homme : elle déduit des principes qu'elle pose, les obligations des maîtres et des domestiques : elle les proclame égaux devant Dieu. Elle repousse avec indignation les dégradantes théories, dont pourtant on veut faire la gloire des philosophes de l'antiquité. Dans

tous les temps l'église, ou persécutée ou triomphante, soit que ses enfants expirassent sous l'épée du gladiateur, de la dent du Lion, soit qu'elle transformât un César sur le trône temporel du monde ; l'Église dans son esprit toujours progressif, élabora les idées et les fit pénétrer avec une admirable et lente patience dans tous les esprits et chez toutes les nations. Or les mœurs, les lois, les habitudes, les préjugés étaient si variés, qu'entreprendre de pousser les peuples dans l'unité de pensée pour arriver à l'unité humaine, paraissait une œuvre impossible. Tous les peuples avaient un patriotisme exclusif et jaloux : car tous avaient leurs dieux particuliers et ennemis. Une nation se croyant divine à l'exclusion des autres, aucune même par la longue incarnation, si je puis parler ainsi, de ses dogmes religieux, ne pouvait admettre, et repoussait avec haine l'égalité spirituelle des peuples, des castes, des âges, des sexes. L'humanité était donc une pensée inconnue, impossible même à cette époque où le droit privé et le droit des gens effaçait la personnalité de l'homme et la nationalité des peuples étrangers. Le droit naturel donc du vieux monde, enseigné dans les écoles de ce temps, n'était que l'ensemble des lois physiologiques qui soumet à son empire l'homme aussi bien que les brutes. « On peut se convaincre de cette vérité,
» dit M. Feugueray (Revue nationale), en parcourant les
» passages des jurisconsultes classiques qui ont réuni dans
» les instituts de Justinien (*de jure naturali gentium et*
» *civili*) dans le Digeste (*de justitia et jure*) les lois de ces
» temps. Or si devant cette loi d'histoire naturelle, c'est-à-
» dire en dehors de toute société, à un point de vue pure-
» ment physique, on reconnaissait parmi les hommes une
» certaine égalité, cette égalité disparaissait complétement
» devant le droit des gens, c'est-à-dire devant le droit

» humain et social qui était le résultat des conditions de
» l'existence humaine et qui était institué par la raison
» naturelle. Aussi admettait-on la parfaite légitimité de
» l'esclavage où l'on ne voyait rien qui blessât les règles
» de l'équité. » Le dogme religieux d'ailleurs admettant
lui-même l'origine divine du peuple, apaisait la colère
de ses dieux par des sacrifices sanglants où l'homme était
souvent la victime : le dogme perpétuait donc l'étrangeté
entre les nations et les castes. L'esclavage n'était que l'immolation de l'homme inférieur à l'homme supérieur; de ce
droit de sacrifice découlait le droit de vie et de mort; car
quelle limite apporter à la loi du plus fort? C'était encore
l'opinion de la philosophie qui se chargeait d'éclairer les
cités par son enseignement. Platon ne propose d'adoucir
les affreuses rigueurs du droit de guerre, qui faisait la perpétuité de l'esclavage, qu'entre les Grecs, AMIS PAR NATURE;
mais il approuve que l'on continue à les pratiquer contre
les BARBARES qui sont des ÉTRANGERS; car ils ne sont pas
unis à la race HELLÉNIQUE par les LIENS DU SANG. En
proclamant l'inégalité des âmes, le chef de l'académie énonçait formellement la fatale et naturelle inégalité des hommes.
Aristote, comme je l'ai montré, était de la même école
économique. Nous devons donc regarder comme logique,
du point de vue de ces croyances payennes, l'irruption
d'Alexandre, courant asservir les barbares à la race privilégiée des Grecs. L'élève du stagyrite n'était pas insensé,
mais dans l'ordre du temps, lorsqu'il frappait du glaive des
hommes inférieurs destinés à servir, soumis de droit naturel
à la race supérieure. Il n'était pas insensé non plus quand,
chef d'une nation d'origine divine, il se faisait le Fils du
Dieu le plus puissant de ses dieux.

La croyance à la fraternité humaine et à l'égalité du droit

qui en résulte, essence même de la morale chrétienne, morale de sacrifice réciproque, force vitale de la civilisation moderne, qui se manifeste incessamment par une action croissante, malgré les résistances et les erreurs, cette croyance d'élite avait donc été apportée par Jésus-Christ, confiée à l'église et enseignée par ses docteurs. Mais pour arriver à faire passer l'idée sociale nouvelle de l'état d'idée à l'état d'institution, pour la réaliser sur la terre, afin que la volonté de Dieu s'y fît comme au ciel, il était nécessaire de former la conscience publique ; il fallait transformer la rudesse aveugle du droit en charité du devoir, l'orgueil en amour : c'est-à-dire il fallait élever l'homme oppresseur ou opprimé à la dignité humaine, l'associer et le faire citoyen. Or, pour accomplir cette œuvre immense, le christianisme qui comprenait la déchéance du vieux monde, commença par préciser le langage. Il proscrivit le nom d'ÉTRANGER, comme outrageant la morale et la dignité humaine. Il ne reconnut que le PROCHAIN, comme le libérateur l'avait enseigné dans la belle parabole du Samaritain voyageur : car, dit S. Jérôme, il est venu pour ne faire de toutes les nations qu'une nation chrétienne. S. Paul avait déjà dit PLUS DE JUIFS NI DE GENTILS, DE GRECS ET DE BARBARES. Eusèbe, dans sa préparation évangélique, montrant le doigt providentiel dans les choses humaines, le développement de l'esprit de l'homme vers la souveraineté intellectuelle, et l'évangile renouvelant le monde par une grande et profonde évolution des idées « montre tous les hommes unis
» sous le nom commun d'humanité, et les liens de la pa-
» renté et de la fraternité s'étendant jusqu'à ceux qu'on
» traite ordinairement d'ÉTRANGERS. » C'est une loi de Dieu, dit S. Augustin : « car les animaux, Dieu ne les a pas fait
» sortir d'un seul, il les a créés plusieurs à la fois. Mais

» pour l'homme, il a jugé à propos de n'en créer qu'un
» seul, non pour le laisser sans compagnie, mais pour lui
» faire aimer davantage, par là, l'union et la concorde,
» en faisant que les hommes ne fussent pas seulement unis
» entre eux par la ressemblance de la nature, mais aussi
» par les liens de la parenté : si bien qu'il ne voulut pas
» créer la femme comme il avait fait l'homme, mais la tirer
» de l'homme, afin que tout le genre humain sortît d'un
» seul... La servitude, dit S. Jean Chrysostôme (*Hom.* 6,
» *in Lazarum*) n'est pas tombée sur la nature originelle
» de l'homme : Dieu n'a pas créé l'HUMANITÉ pour l'escla-
» vage : il l'a créée pour la liberté : il a créé Adam et Eve
» et tous deux étaient libres. » S. Augustin, jetant son re-
gard d'amour sur les nations, s'écrie : « Eh ! quoi, un
» flambeau a lui sur le monde pour lui faire voir la frater-
» nité, et il y a des gens à faible vue qui crient de fermer
» la fenêtre. Tournez plutôt vos yeux vers la lumière. »

Le christianisme, pour proscrire le mot ÉTRANGER, donne au mot HUMANITÉ une signification nouvelle et toute catholique. HUMANITAS en latin, ANTHRÔPOTÈS en grec, signifiait la nature organique de l'homme ; il avait deux sens dérivés : l'un exprimait la bienveillance, la douceur à l'égard de ceux qui participent à la nature humaine : l'autre les études libérales qui élevaient l'homme par la science à la pratique de la vertu. Mais dans le langage chrétien, l'humanité de Jésus-Christ ne signifie pas la nature commune DE L'ANIMAL HUMAIN ; car, comme je l'ai dit tout à l'heure, il était enseigné que les hommes de tous les temps et de tous les lieux étaient rachetés par le sacrifice du Golgotha. L'homme-Dieu résumait en lui toutes les races des peuples de la terre : tous sont unis par une solidarité réelle de charité et doivent à la fin des temps entrer dans la cité du ciel. Or donc, il fallait un mot nouveau pour exprimer une idée nouvelle. L'humanité est soumise à la divinité, dit S. Jérôme, et par HUMANITÉ, je n'entends pas LA DOUCEUR, ni LA CLÉMENCE, mais tout le genre HUMAIN. Mucius Félix avait employé le mot HUMANITÉ dans le sens élevé du christianisme. S. Clément d'Alexandrie avait dit dans son pédagogue que la foi communiquée à tous par la bonté de Dieu est le salut UNIVERSEL DE L'HUMANITÉ. « On ne peut pas prétendre, écrit-il dans ses stromates, que le Seigneur n'ait pas voulu sauver toute L'HUMANITÉ. »

« Le mot *philantropia* passait aussi par les mêmes phases.
» La philanthropie n'était plus une sympathie aveugle, ve-
» nant d'une émotion charnelle : fondée sur la religion,
» elle s'étendait jusque sur les étrangers qui sont nos amis
» et nos frères, dit encore saint Clément d'Alexandrie : si
» bien que pour l'homme spirituel, elle devient l'amour
» fraternel de tous ceux qui participent à la même nature
» spirituelle. Définition qui s'accorde à merveille avec notre
» science et nos sentiments modernes. » (Feugueray, *Revue Nationale*.)

Le christianisme élevait la langue humaine à la hauteur de ses idées : il façonnait et marquait à son coin tous les éléments de civilisation. Une société ne peut exister sans morale, mais la morale n'existe que par le sacrifice volontaire et réciproque DU MOI HUMAIN. La doctrine chrétienne en faisant connaître à l'homme sa personnalité, lui montrait l'humanité souffrante, et réclamait au nom de la fraternité l'accomplissement du devoir. L'église ne limite pas son action à l'exposition de vaines théories ; elle pratique, elle veut orner les âmes de vertus et non pas seulement d'orgueilleuse science : elle demande la sagesse d'abord et ouvre ensuite les trésors immenses de son savoir, car elle

l'a reçu du Christ qui est le verbe de Dieu, et ne le cache pas aux enfants des hommes. Le grand patriarche de Constantinople, cette bouche d'or, que l'Esprit-Saint inspira toujours, comprenait admirablement ce qui fait vivre et prospérer les sociétés. Quelle communauté, quelle association pourrait exister et se déployer dans la durée si l'intérêt individuel dominait et renfermait les parties du tout dans un dur et solitaire égoïsme ? « Le but de la vie est de servir le prochain... ne vivre que pour soi ce n'est pas appartenir à L'HUMANITÉ... la parfaite et suprême perfection du christianisme. » Un autre docteur chrétien s'écrie : « l'é-
» goïsme est destructeur de toute société : la nature n'a pas
» fait l'homme pour être un animal solitaire : destiné à la
» société, il ne doit point vivre pour lui seul, mais pour sa
» famille, ses voisins, ses compatriotes, pour sa patrie,
» pour tous les hommes, pour l'univers tout entier et
» avant tout pour Dieu son créateur. » (L'abbé Esaïe.).
L'union dans la charité, l'unité humaine résultant du sacrifice mutuel et volontaire, l'ordre dans la justice, la libre volonté accomplissant le devoir, telle est l'économie chrétienne, l'idéal poursuivi par les Pères depuis la société domestique jusqu'à l'universelle société de l'église. O solidarité sainte, fille du ciel descendue sur la terre et placée par Jésus-Christ dans le cœur du nouvel homme; ineffable pensée qu'il redit à son frère et que son frère lui retourne avec la suave émotion de la reconnaissance, tu poses l'humanité sur des bases impérissables, tu nous mènes vers l'immortalité par le souvenir des devoirs accomplis hier et par l'espoir d'un dévouement pour demain : « Admirable
» providence ! dit saint Jean Chrysostôme ; nous ne
» pouvons nous passer les uns des autres, et cependant
» cette nécessité où nous sommes de nous entr'aider ne

» suffit pas à nous unir. Aussi, si chacun eût pu se suffire
» à soi-même, aurions-nous vécu comme des bêtes sau-
» vages : c'est pour cette raison que Dieu nous a fait une
» nécessité d'un assujétissement réciproque. »

Ainsi se fait l'ordre : car l'amour est le principe de la justice. Or le juste est l'homme fort de la cité : son cœur libre et ferme par la vertu qui l'anime, conçoit le bien et ordonne à son corps de l'exécuter : la vie chrétienne est donc une chaîne d'actions raisonnables et honnêtes dont la charité soude les anneaux et les empêche de se rompre. C'est le signe manifeste que la plus grande puissance de l'âme agit sans oppression, sans contrainte : car l'homme invisible commande seul à l'homme visible : il le fait agir sous la direction immédiate de Dieu qui le conserve ainsi dans la pureté de son image.

Je vous ai dit ce qui est bon et ce qui est fort, saint Clément d'Alexandrie révèle ce qui est la beauté chrétienne.

« Je sais que Dieu nous a donné le pouvoir d'user, mais
» seulement jusqu'au nécessaire : il veut que l'usage soit
» commun. Il est absurde, en effet, il est honteux qu'un
» seul homme vive dans les festins et les voluptés tandis que
» des milliers d'autres meurent de faim. Oui, certes, il y a
» plus de gloire à être bienfaisant que d'être magnifique-
» ment logé ; plus de sagesse à répandre ses biens sur les
» hommes, qu'à les échanger contre des métaux et des
» pierres, plus d'avantage à posséder des amis qu'on a
» ornés soi-même, que des ornements inanimés. Quel est
» celui à qui ses biens ont profité autant que ses bienfaits !
» Mais des voix s'écrient : Qui donc possédera ce qui est
» somptueux et magnifique, si tous nous choisissons ce qui
» est humble et simple ? Nous-mêmes, répondrai-je, si nous
» en usons avec froideur et indifférence, mais comme il est

» difficile à tous les hommes d'être réglés et tempérants, il
» faut chercher, pour notre usage particulier, ce qui nous
» est facile de nous procurer, ce qui est nécessaire et rejeter
» ce qui ne l'est pas. Le chrétien n'est point paré par ces
» ornements que le dégoût, le dédain et la fantaisie vont
» repousser demain. »

La beauté ou la laideur est dans l'âme : l'homme vertueux seul est beau. La vertu brille comme une fleur sur les corps où elle habite : elle les revêt d'une pure et douce lumière. La beauté de l'animal ou de la plante est dans la vertu qui leur est propre. La vertu de l'homme est la justice, la tempérance, la magnanimité, la piété. C'est l'homme juste qui est beau : en vérité, c'est celui qui est vertueux et non pas celui qui est riche. La nature donc des richesses est d'être possédée et de secourir ; Dieu les a lui-même formées et accommodées à cet usage. Honte donc à l'homme qui ôte son cœur de sa poitrine pour y placer un froid métal.

La richesse n'est qu'un dépôt : le riche est le trésorier de Dieu : ce qu'il possède est le moyen de se faire un ami : un seul homme peut être cet ami. Si vous partagez avec lui vos trésors de la terre, il partagera avec vous les trésors du ciel. « Pressez, priez, suppliez pour qu'il accepte vos bienfaits, dit saint Clément d'Alexandrie : craignez surtout qu'il les refuse ; il ne lui est point ordonné de les recevoir, c'est à vous de les lui offrir : » or, cet homme est le pauvre.

Le christianisme change donc profondément le rôle des hommes : la pauvreté s'élève haut dans la pensée ; c'est chez elle qu'on trouve un ami ; c'est sa bienveillance qui l'accorde. La richesse donc n'a de vie qu'autant qu'elle unit, par un lien d'amour, l'homme à l'homme ; elle devient solliciteuse ; elle ne peut s'ennoblir que par une longue suite de soins et de bienfaits.

L'antiquité cherchait l'homme, mais en vain, avec la lumière de la terre, comme le cynique avec sa lanterne. Un jour l'empire romain affaissé sous son poids, las de frapper sur le monde ses coups d'épée, mais toujours avide du droit de la force, l'empire romain place un proconsul en Judée. C'était un coin du monde qui s'ajoutait encore à son oppression : l'esclavage était partout : la vérité et l'homme nulle part : Dieu et la morale s'étaient réfugiés au ciel. Or, ce jour-là, le maître romain parut devant les peuples conduisant un roi couronné d'épines, portant à sa main un sceptre dérisoire, un insultant roseau : il avait les mains liées et la pourpre sur les épaules : Pilate cria : Voilà l'homme !... Il avait dit vrai : c'était l'intelligence ; c'était la volonté qui se dévoue ; c'était la liberté, la fraternité, l'égalité ; c'était la fin de l'empire de la force ; c'était l'amour libérateur ; c'était Jésus, le Verbe qui parle au monde et le chef de la famille universelle. — L'image de Dieu redevenait visible dans l'homme : l'humanité comme Lazare quittait la nuit du linceul : le christianisme commençait son œuvre. Déjà nous connaissons une partie de sa doctrine et ses pensées sur la dignité et les devoirs humains : mais la civilisation se compose de trois éléments, l'individu, la famille et la société. L'individu est l'homme libre : or, le vieux monde n'avait pas seulement des maîtres et des serviteurs, des riches et des pauvres, il avait encore des esclaves et la femme avilie. Celui que Pilate nomma L'HOMME, avant de s'en aller à son père, avait dit : VOUS ÊTES TOUS FRÈRES ! Son église avait donc à constituer un peuple DE FRÈRES, c'est-à-dire qu'elle devait briser le joug de la servitude et réhabiliter la femme : autrement l'individu restait imparfait, l'homme n'était pas complet et la famille demeurait impossibe.

IV. Esclavage.

Ce que l'église avait dit pour le serviteur, elle le dit plus énergiquement pour l'esclave. Elle le déclare égal en dignité de nature à tous les autres hommes, égal à tous les autres hommes dans la participation aux grâces que l'esprit divin va répandre sur la terre. C'est une affirmation qui transpire par tous les pores du christianisme ; c'est l'économie même de la religion. Le dogme, la morale, la discipline proclament cette sainte égalité. « Le Saint-Esprit,
» écrivait saint Cyprien au second siècle, ne se donne pas
» par portion, il se répand tout entier sur le croyant...
» Le Christ distribue ses dons dans l'église avec une par-
» faite égalité sur la terre; la grâce céleste se divise éga-
» lement entre tous et dans tout le peuple de Dieu, comme
» la manne était donnée aux hébreux, sans distinction
» d'âge ni de sexe, sans aucune acception de personne. »
Devant la foi catholique, et je dis catholique parce que c'est dans le sein de cette église, immuable archiviste de Dieu, que l'orthodoxe parole est gardée; devant la foi catholique toute inégalité se nivelle donc, et c'est une pensée profondément païenne qui fait des différences entre les hommes : elle renouvelle la formule fatale d'Aristote, et attache l'être intelligent à la terre. « La servitude, di-
» sait saint Jean Chrysostôme, n'est pas fondée sur la
» nature originelle de l'homme : Dieu n'a pas créé l'hu-
» manité POUR L'ESCLAVAGE ; il l'a créé pour LA LIBERTÉ ;
» il a créé Adam et Eve ; et tous deux étaient libres !... »
« Si l'on me demande d'où vient l'esclavage, dit-il ailleurs,

» je dirai que c'est l'insatiable avidité de l'homme qui l'a
» introduite dans le monde... L'esclavage est entré dans le
» monde, comme la suite et la punition du péché ; mais le
» Christ a aussi levé cette malédiction : en lui il n'y a plus
» de maître, ni d'esclaves. Ce n'est pas l'équité naturelle
» qui a établi la noblesse de ce monde, s'écrie saint Jé-
» rôme, c'est l'ambition et la cupidité. »

L'indignation des Pères prend cette énergie de paroles, parce qu'ils considéraient l'esclavage comme l'enfantement de la dépravation de l'homme. Dieu, le père commun, traite ses enfants avec une égale justice et une égale bonté. Or, le droit d'être une personne est inhérent à l'homme, l'homme libre seul s'élève à cette dignité. La richesse est un moyen d'épreuve, comme je l'ai dit : la noblesse, fille du péché, ne produit que l'orgueil ; c'est ce sentiment qui perd l'homme. « Ah ! comment se peut-on vanter,
» dit Origène, d'être fils de prince ou de descendre d'une
» noble famille ? Y a-t-il pour l'orgueil dans ces dons du
» hasard même, l'ombre d'un prétexte ? Le cœur se gonfle
» aussi souvent à la pensée qu'on est assez élevé en dignité,
» comme on dit, pour faire COUPER DES TÊTES ? Hélas !
» c'est se glorifier de ce qui devrait faire trembler. — Et
» saint Paulin de Nole, d'une illustre famille patricienne
» de Rome disait : La vraie noblesse consiste seulement à
» s'illustrer par ses vertus. » Mais rien n'égale la grandeur des pensées et l'énergie des paroles de saint Augustin, s'il vient à invoquer en faveur de la dignité de l'homme l'ordre de la nature et la volonté même de Dieu ! L'âme tressaille lorsque les mâles accents du grand évêque d'Hippone, retentissent dans le monde : car l'église les reporte à ses enfants chez tous les peuples de la terre. Elle les dépose dans leurs cœurs comme un germe précieux ; le temps les

doit développer et un jour en sortira un arbre immense qui couvrira de son ombre salutaire les familles et les nations. — Saint Augustin s'écrie : « Ainsi le veut l'ordre
» de la nature; ainsi l'homme a été créé de Dieu. Dieu a
» dit à l'homme de dominer sur les poissons de la mer, sur
» les oiseaux du ciel et les reptiles qui rampent sur la terre :
» il a voulu que la créature raisonnable, faite à sa ressem-
» blance NE DOMINAT QUE SUR LA CRÉATURE PRIVÉE DE RAI-
» SON. Il n'a point établi LA DOMINATION DE L'HOMME SUR
» L'HOMME : mais celle DE L'HOMME SUR LA BRUTE.

L'abbé Balmès, saisi par ces nobles pensées, s'abandonne à tout le sentiment profond de son cœur chrétien, et il proclame dans des paroles éloquentes les droits imprescriptibles de l'homme à la liberté. « Ce passage de saint
» Augustin est un de ces traits hardis qui brillent dans les
» écrivains de génie, alors que tourmentés par la vue d'un
» objet douloureux, ils laissent éclater toute la générosité
» de leurs idées et de leurs sentiments et cessent de com-
» primer une audacieuse énergie. Frappé de la force de
» l'expression, le lecteur en suspens et sans haleine, s'em-
» presse de lire ce qui est écrit dans les lignes qui suivent :
» il craint que l'auteur ne se soit égaré, séduit par la no-
» blesse de son cœur et emporté par la force de son génie,
» mais avec un plaisir inexprimable, il découvre que l'écri-
» vain ne s'est écarté en rien du chemin de la saine doc-
» trine, lorsque, semblable à un vaillant athlète, il est
» descendu dans la lice pour défendre la cause DE LA RAI-
» SON, DE LA JUSTICE et de L'HUMANITÉ. Tel en effet se
» présente à nous saint Augustin : le spectacle de tant d'in-
» fortunes gémissant dans l'esclavage, victimes de la vio-
» lence et des caprices de leurs maîtres, tourmentait son
» âme généreuse. A la lumière de la raison et des doctrines

» chrétiennes, il ne voyait aucun motif pour qu'une por-
» tion si considérable du genre humain fût condamnée à
» vivre dans un si grand avilissement. C'est pourquoi en
» proclamant les doctrines de la soumission et de l'obéis-
» sance, il s'efforce de découvrir l'origine d'une si grande
» ignominie, et ne pouvant la trouver dans la nature de
» l'homme, il la cherche dans le péché et la malédiction.
» Nous ne trouvons pas dans l'écriture, dit saint Augustin,
» le mot ESCLAVE avant le jour où le juste Noé le jeta
» comme un châtiment sur son fils coupable : d'où il suit
» que ce mot est venu de la faute non de la nature. »

J'ai cité ce long passage de Balmès, parce qu'il rend compte admirablement de la doctrine chrétienne. La religion, en mettant à couvert la dignité de la nature humaine, en arrachant tout préjugé de supériorité fatale de race, en repoussant la politique dure et sacrilége du paganisme, qu'elle s'autorisât de Platon ou d'Aristote, refrénait l'orgueil de l'homme libre, mais en même temps elle versait dans le cœur de l'esclave le baume de la résignation. Il espérait en Dieu : il priait aussi lui Dieu son père, pour apaiser la colère allumée par le péché. L'homme libre aujourd'hui, pouvait demain devenir esclave : alors par tous la servitude était regardée comme une plaie sociale et non comme un moyen de gouvernement. Tous travaillaient à faire disparaître de la société nouvelle ce fléau qui menaçait tous les hommes. Alors la charité venait prouver au vieux monde ce qu'il avait de puissance réformatrice, et comment elle façonnait la conscience publique et préparait l'œuvre de l'avenir humain. On disait dans la Grèce païenne et dans la Rome du capitole : AUTANT D'ESCLAVES, AUTANT D'ENNEMIS. L'esclave chrétien séduisait son maître par sa probité et la douceur de ses mœurs. Le maître à son tour devenu chrétien rendait à la société des hommes et multipliait ses frères. Alors le vieux monde étonné, dit Tertullien, s'écriait : Comme ils s'aiment !

Cependant l'église et ses docteurs administraient les idées, si je puis me servir de cette expression, avec une haute sagesse. Jamais on ne prescrivit l'affranchissement aux maîtres : on ne procédait pas par des ordres impérieux. La conscience publique éclairée et formée dans la charité opérait seule. Qui n'a lu la célèbre lettre de saint Paul à Philémon, pour lui recommander l'esclave Onésime? Il renvoie le fugitif en suppliant le maître de le recevoir, non plus en esclave, mais en frère? Cette intervention pacifique et libérale était la mission du prêtre ; lui seul pouvait s'en charger, car lui seul parlait au maître et à l'esclave baptisés au nom du Christ, le Dieu commun. Cette intervention n'était jamais stérile : elle obtenait des œuvres magnifiques de piété. Si le progrès de la libération allait avec lenteur, l'avenir humain n'en était pas moins assuré; car les lumières devenaient plus nettes pour tous, la vérité avait le temps de se faire connaître ; l'alliance des hommes se serrait plus solide, l'idée chrétienne se réalisait dans des institutions que les éventualités sociales, les conquêtes ou l'oppression des tyrans farouches, ne pouvaient détruire. Tibère, Caïus, Néron, Dioclétien, malgré leur éternité de la terre, s'en allaient dans le sépulcre : l'esclavage s'en allait de même. Le labarum enfin se déploya, la ville éternelle que l'épée souvent avait traversée, mais n'avait jamais conquise, la ville éternelle se soumit au sceptre de la pensée chrétienne. Cette pensée immortelle et libérale, pacifique et civilisatrice, puissante et féconde, témoigne la providence de Dieu par les œuvres qu'elle a produites. L'histoire encore nous montre quel abîme profond séparait le monde chrétien du monde antique. Cassius, magistrat romain, l'an 61, rapporte Tacite, prononça en plein sénat un discours pour réclamer l'exécution DE QUATRE CENTS ESCLAVES dont le maître avait été assassiné : c'était la loi, le vœu de l'orateur fut accompli. Cassius passait alors pour le premier des romains dans la science du droit. — Au temps de Dioclétien, un préfet de Rome, Chromace, entra dans l'église avec QUATORZE CENTS ESCLAVES des deux sexes, à qui il accorda la liberté et distribua une grande quantité de ses biens ; « des gens qui commencent à avoir Dieu pour » père ne devant plus, disait-il, rester les esclaves d'un » homme. » On a pourtant prétendu que les jurisconsultes avaient eu l'honneur de poser les premiers le PRINCIPE DE LA FRATERNITÉ ! Lucien était loin de cette opinion. Il raille les chrétiens et les appelle des insensés à qui leur premier législateur (UN SOPHISTE), avait mis dans l'esprit qu'ils ÉTAIENT TOUS FRÈRES ! Telle était la distance entre l'idée catholique et l'idée païenne.

L'église pour former de si belles âmes, au grand étonnement des Gentils, prodiguait le bienfait de l'éducation aux esclaves et aux maîtres. Les anciens permettaient parfois d'instruire l'esclave, parce qu'il avait son prix sur le marché : mais ce fut toujours une exception, un fantaisie de spéculation. La vérité et la morale n'étaient pas faites pour l'homme de servitude : les temples mêmes étaient fermés pour lui. — Le christianisme par un énergique et contraire effort prodigua la science à tous sans acception de personne : la lumière était due à tous pour arriver au baptême : le fidèle baptisé pouvait dans l'église occuper les charges les plus élevées : il était homme. Mais le génie chrétien rendit l'enseignement d'une puissante efficacité malgré les difficultés qui repoussaient la doctrine rude du sacrifice volontaire. Le prêtre chargé d'instruire n'eut pas seulement à exposer les principes, il devait lui-même, et avant tout, pratiquer la morale de la religion nouvelle. Le rénovateur était donc le nouvel homme dépouillé des mœurs du vieux monde. Si pauvre qu'il fût, son abstinence savait faire une utile économie; le jeûne lui fournissait le repas de l'indigent. C'était ainsi que se pratiquait la première fraternité. On aimait le prochain comme soi-même en partageant ses privations et en lui faisant partager le pain quotidien qu'on attendait sans inquiétude de la providence. L'austérité créait un superflu que l'amour du Christ changeait en cette bienfaisance qui sait faire un ami. Mais aussi le christianisme avait revêtu son prêtre de la virginité, fleur du ciel qui s'épanouit dans les cœurs simples et les rend robustes. Basile a dit que la virginité avait son siège dans l'âme : cela est vrai; mais elle sanctifie l'homme et consacre sa chair mortelle. La philosophie ignorait cette vertu; la philosophie n'a pas fondé de société : souvent elle a compromis l'avenir humain. Elle a pu vanter la tempérance; mais la tempérance modère seulement les plaisirs : la virginité les méprise et les sacrifie; plus mâle et plus forte elle rompt ses liens d'une main hardie et donne l'amour aux douleurs qu'elle partage ou aux larmes qu'elle essuie. Elle veut l'empire et la souveraineté de soi : généreuse elle n'est jamais satisfaite jusqu'à ce qu'elle soit parvenue à ce qu'il y a de plus relevé. C'est une perfection de la vie des hommes, mais elle découle de la vie des anges : donc le prêtre ne refusait pas de vivre avec l'indigence. La liberté ne s'est jamais produite sur la terre sans confesseurs; le prêtre était toujours prêt à mourir. Or une idée se réalisant tout d'abord et enfantant des actes d'héroïques vertus qui révèlent à l'homme sa force et sa dignité, est bientôt triomphante. L'histoire de dix-huit siècles de catholicisme affirme cette vérité : dans les cœurs germe aujourd'hui la fraternité, parce que la religion a produit des saints. La liberté existera dans les sociétés modernes, parce que l'esprit religieux a élevé les hommes aux mœurs régulières, filles de la foi qui fit les martyrs. L'égalité est à cette heure dans la politique des nations, parce que l'église envoyait son prêtre dire à l'esclave : Tu es un homme.

Lorsque les idées morales choquent en droit fil les passions, de grands efforts sont nécessaires pour les faire arriver au terrain de la pratique, et les idées ne suffisent point pour ces rudes efforts; il faut les moyens d'action capables de lier puissamment l'ordre des idées et l'ordre des faits. Or, l'église avait donc formé le prêtre tout à la fois ENSEIGNEMENT et APPLICATION : car elle devait être en même temps une école grande, féconde, et une association régénératrice. Nous avons vu bien des écoles s'ouvrir : de grandes réputations se sont élevées au faîte de la renommée : écoles et réputations, l'oubli a tout couvert de son froid silence. Pourquoi? Ces écoles ne purent édifier : elles n'avaient point en elles l'élément civilisateur, le sacrifice volontaire qui donne crédit à l'idée, la personnalise et lui fait traverser le temps. Il manquait encore à ces enseignements une puissance vitale : ils ne faisaient qu'un passager effet sur l'esprit, car ils ne savaient pas former la conscience publique. Or l'église répéta sans cesse les mêmes vérités et pratiqua toujours les mœurs qui en dérivent. Cette unité de parole, cette unité d'action, malgré la répulsion de l'antagonisme, ont fait l'unité de pensée. C'est ainsi que s'est formé au sein des sociétés modernes ce sentiment unanime de moralité délicate, mais puissante, qui repousse avec une égale et énergique exécration le vice et l'oppresseur.

Cette transformation des peuples est une des gloires du christianisme. Le beau caractère de la foi nouvelle fut cet accès facile de l'instruction libérale aux hommes de la servitude. Quel philosophe chez les anciens voulut se consacrer à l'amélioration morale de ces races sans famille et sans patrie! Quelle école s'ouvrit pour leur donner connaissance de leurs droits et de leurs devoirs? Ce fut un spectacle nouveau que ces prêtres de Dieu, allant dans les palais ou sous les humbles toits qui couvraient les misères du pauvre et de l'esclave, parler d'égalité! La foi dans un christ, immolé pour tous, réfrénait la colère convulsive de la douleur, déposait dans l'âme cette sublime résignation qui souffre pour ne pas arrêter la marche de l'humanité par des protestations prématurées! C'est à l'esclave chrétien et martyr, calme dans son asservissement ou moine dans le cloître, que pourtant nous devons nos libertés! Ah! ce fut une œuvre sainte et grande que cette diffusion des lumières d'une même vérité, des bienfaits d'une même éducation chez le pauvre et l'ignorant, chez le riche et le philosophe. L'église seule l'entreprit et l'acheva; car dans son sein, un jour toutes les classes de la population vinrent se fondre en une égalité parfaite. Sur le seuil de ses temples s'effaçait le préjugé de la naissance; l'orgueil se transformait en fraternité dévouée : IL N'Y AVAIT POUR TOUS QU'UN MÊME DIEU, UNE MÊME LOI, UNE MÊME LUTTE.

« Chez nous (dit le grec Tatien) ce ne sont pas seule-
» ment les riches qui apprennent la philosophie; les pau-
» vres jouissent aussi d'une instruction gratuite. Ce qui
» vient de Dieu ne doit pas en effet dépendre de l'argent
» de la terre. Tous ceux qui veulent écouter ont accès

» auprès de nous, les vieilles matrones comme les jeunes
» filles ; chaque âge jouit de l'estime à laquelle il a droit :
» la dissolution seule est bannie. » Mais Origène de sa voix éloquente repoussant les sophismes et les outrages de Celse, insultes que des philosophes ont tant répétées contre le christianisme, Origène s'écrie : « Nous avouons publique-
» ment notre dessein d'instruire TOUS LES HOMMES par la
» parole de Dieu. Nous donnons à chacun les enseigne-
» ments qui lui conviennent, et nous ne dédaignons pas
» d'apprendre aux esclaves à CONCEVOIR DE NOBLES PENSÉES
» et à conquérir LEUR LIBERTÉ PAR LA RELIGION. Les
» apôtres sont dignes d'éloges, dit S. Jean Chrysostôme,
» d'avoir enseigné à philosopher, aux hommes les plus
» grossiers, à des laboureurs et à des bouviers ! »

Il ne faut pas qu'on oublie ces nobles efforts, cette grande évolution des idées. Si à cette heure les associations politiques se plaisent à se nommer des clubs, les associations chrétiennes préférèrent se nommer des FRATERNITÉS. L'église tout entière formait la sainte fraternité qui devait dans son sein embasser la grande famille humaine. Non, non ! ce n'est pas une vaine et POSTHUME ÉGALITÉ que le Christ a promise aux hommes ; ce n'est pas sur la froide couche du sépulcre que l'esclave doit trouver brisé l'anneau de la chaîne. Sur le seuil des basiliques sacrées sont venus s'anéantir les préjugés de naissance : l'orgueil s'y transforma dans un humble amour, le maître y donna le baiser de paix à l'esclave. « Ah ! dit S. Ambroise, si l'injustice
» irrite, c'est surtout dans l'église, où l'équité doit régner,
» où l'ÉGALITÉ doit être complète, sans que le puissant ou
» le plus riche n'y trouve AUCUN PRIVILÉGE. » Ecoutez, écoutez la voix de l'incorruptible histoire ! Ne l'entendez-vous pas qui redit ces acclamations de tout un peuple, qui

choisit un charbonnier pour son évêque. Des esclaves affranchis furent appelés au gouvernement épiscopal. « Tous les jours nous voyons (dit S. Jérôme) des riches
» et des pauvres, des grands, des petits, qui demeurent
» unis dans une même église, et s'y laissent gouverner
» par des hommes, peut-être inhabiles et ignorants, mais
» à qui l'on a reconnu l'esprit apostolique. » Ainsi s'efface dans l'église la différence de race et de contrée : elle ne connaît pas de privilége, elle n'a point de frontières : elle déploie une tente immense où peut prendre place et se reposer tout homme voyageur de la terre, toute créature faite à l'image de Dieu : car elle appartient à la grande société religieuse. L'esclave enfin, ne maudissant plus les dieux qui lui avaient manqué, pouvait dire dans son infortune : je suis homme; entre mon maître et moi, il existe des obligations et des droits. Le petit s'était appliqué à de grandes choses, et il était devenu grand par l'âme et la parole. Il ne nourrissait plus dans son cœur de basses jalousies, il n'avait plus de haine ; il espérait et attendait :
« Le chrétien, dit S. Cyprien, rapproché de Dieu par
» l'esprit, regarde comme au-dessous de sa dignité les
» grandeurs et les pompes de la terre ! Que reste-t-il à
» demander ou à regretter dans le monde, quand on est
» plus grand que le monde ? Une fois que l'âme en con-
» templant le ciel, y a lu le nom de son auteur, plus haute
» que le soleil, plus élevée que toute puissance humaine,
» elle commence déjà d'être ce qu'elle espère ! » Or donc la force de cet homme invisible qui se réfugie dans la poitrine du chrétien le rend libre, malgré l'oppression sociale; elle le rend calme jusqu'au jour où la providence a marqué l'heure de la mort du tyran : c'est ainsi que le christianisme prépare le citoyen.

Je m'étonne souvent, alors que je lis les fantaisies de la littérature contemporaine de cette critique d'école, qui, malgré l'histoire, attaque avec âpreté le catholicisme. C'est en vérité s'efforcer de retenir des vieilles idées qui voudraient achever de mourir. Le génie du passé ? Nos annales le montrent pur et armé d'un glaive sanglant : la philosophie du vieux monde, c'est la coupe vide qui ne peut plus rien pour la soif de l'homme. La loi des anciens, c'est l'impitoyable droit de la force qui sacrifie tout à soi, à son orgueil, et s'en va de peuple en peuple donnant des chaînes ou creusant des sépulcres. Le discours au sénat romain du jurisconsulte Cassius résume toute la pensée du vieux monde, toujours épouvanté, comme s'épouvante toujours l'oppresseur ; il n'a de foi pour son repos que dans la force et la terreur ! « Nos ancêtres se défièrent toujours du
» caractère des esclaves, même de ceux qui nés dans leurs
» possessions et leurs maisons, POUVAIENT AVOIR CONÇU,
» dès le berceau, de l'AFFECTION POUR LEURS MAÎTRES.
» Mais depuis que nous avons des esclaves des nations
» étrangères, de mœurs différentes et de religions diverses,
» il n'y a pas d'autre moyen, pour CONQUÉRIR CETTE
» CANAILLE, que la terreur. » Dans des temps plus modernes la cruauté des maîtres voulut s'appeler INTIMIDATION: mais c'était toujours la voie ouverte du supplice. Si la grande transformation des idées, qui à cette heure s'opère dans les sociétés, n'est pas l'œuvre du christianisme, et la conséquence logique de ses principes : d'où vient-elle ? La philosophie n'a que la critique, or la critique détruit ; la philosophie a-t-elle attaqué le vieux monde : elle l'exalte au contraire ! Rien n'est grand comme Aristote, rien n'est élevé comme Platon : mais Aristote et Platon sont les négateurs de l'humanité. Alors on dit, toute pensée est à Plotin ou à

Porphyre : mais le christianisme vivait avant Plotin et avant Porphyre. Numéricus le platonicien n'a-t-il pas écrit que son maître était Moïse parlant en grec ? Amélius, disciple de Plotin, n'a-t-il pas transcrit avec impudeur MOT POUR MOT, le magnifique exorde de l'évangile de S. Jean ? Comment donc l'école Alexandrine même serait-elle entrée pour quelque chose dans l'établissement des vérités qui lui sont antérieures de trois siècles ? Ah ! le christianisme a donné avant tous et pour tous la charité qui verse la fraternité de son urne d'or sur la terre aujourd'hui fécondée : c'est lui qui le premier fit tressaillir les nations à ce noble cri : Egalité ! humanité ! Prenez garde de n'être que des ingrats, car ceux-là sont indignes d'être libres ! Avant vous, ô maître des écoles, celui qui a dit à l'homme : Nourris-toi de pain et d'intelligence, a pris possession du monde ; il a prescrit, sa puissance libératrice demeure inattaquable : c'est le Christ, c'est bien le Christ qui effaça du langage des hommes, ces mots que les oppresseurs s'adressaient avec orgueil : QUOT PASCIT SERVOS? COMBIEN PAIT-IL D'ESCLAVES ? Si vous aimez la raison, eh bien ! comparez l'enseignement de l'église avec les oracles que faisait rendre à ses dieux dociles ce dur paganisme, afin d'abaisser de plus en plus de malheureux esclaves ? ou plutôt laissez les angoisses de votre critique, cauchemar qui pèse sur votre âme, et lui prend la liberté de la pensée : éveillez-vous avec la lumière d'un beau jour, et recueillez de ravissantes réalités ! Contemplez dans l'énivrement d'un noble cœur, tant de peuples autrefois courbés dans la dégradation et l'ignominie, qui tous maintenant lèvent leurs regards vers le ciel, et poussent un soupir d'espérance. Oh ! donnez-nous la main, frères, et dites avec nous : Oui, vous êtes le Christ, le fils du Dieu vivant.

Par le principe même de la liberté de l'homme et la loi de successivité imposée aux choses du temps, la civilisation, ce grand labeur de l'humanité, ne peut s'accomplir que par transformation des mœurs du vieil homme et des habitudes des vieilles sociétés, opérée en quelque sorte par ce travail et l'effort des générations. L'idée supérieure qui doit repousser dans le néant l'idée actuellement personnifiée dans les membres d'une association et qui leur a donné comme une seconde nature, l'idée puissante et harmonique ne s'incarne pas, pour ainsi parler, immédiatement du sommet aux bas-fonds de la société. Les intérêts divers et contraires à la doctrine qui veut pénétrer dans les esprits et former de nouvelles consciences; les positions prises, les fortunes satisfaites sont des antagonistes qu'il faut vaincre : mais ce triomphe ne s'obtient qu'en portant l'homme à user de la liberté dans l'ordre, à céder au sacrifice, à diriger ses actes dans le devoir et non dans l'obstination du fait. La civilisation n'est donc que le résultat de l'enseignement qui met en circulation l'idée, la rend pratique et la réalise en institution. C'est-à-dire que l'idée, l'effort qui la soutient et la produit dans les masses, le succès obtenu, se vulgarisent, deviennent communs, réfrénent les passions et forment l'unité d'esprit et de volonté. Alors la vieille idée qui opprimait les âmes, repoussée par la généralité des hommes, devient sans pouvoir et succombe. Toutes les erreurs qui ravagent les cœurs et faussent les consciences sont assujetties au même travail de transformation : ce sont leurs défaites successives qu'on peut nommer l'évolution progressive de l'intelligence dans l'ordre : c'est en un mot la sagesse des nations.

Le christianisme a conduit le monde dans ce mouvement vers l'avenir non pour faire des opinions, mais une croyance. Son action a été pressante, dévouée, mais les

résultats ont été lents : car la providence l'avait mis au milieu des peuples, non pour produire des révoltes, mais des révolutions utiles ; non pour hâter la satisfaction d'un intérêt, par l'oppression violente des autres, non pour telle caste mais pour toutes non pour un peuple, mais pour les peuples, éléments de la famille humaine. L'organisation sociale ne s'improvise pas : elle dépend de l'état intellectuel et moral des hommes. Trop tôt briser les pouvoirs non encore transformés, c'est quelquefois amener des dislocations profondes dont l'esprit ne peut comprendre les dernières conséquences. Le génie du christianisme aperçut ces dangers : il sut les éviter avec cette prudence patiente, que ses antagonistes ont souvent voulu prendre pour de l'impuissance ou une complaisante flatterie des oppresseurs. Mais jamais il n'abandonna la voie de délivrance ; il suivit sans cesse ces inspirations de l'esprit providentiel qui le conduit et le fait vivre. La vieille société était fondée sur l'esclavage : c'était une partie de ses propriétés. Le patricien et le peuple lui-même, ne croyaient pas à leur existence, si l'esclave n'était point par nature, attaché à la glèbe ou au travail nécessaires aux besoins du maître. Civiliser le monde à cette époque, c'était changer tous les rapports de la propriété. D'un autre côté les besoins d'un homme libre sont quelque chose de plus que les besoins d'un esclave, il fallait y pourvoir, et ne pas rendre la liberté une condition pire que la servitude : la plèbe encore était avilie par la misère et se laissait aller à une déchéance sans nom. « La plèbe, dit César, chez les
» gaulois est presque au niveau des esclaves : elle ne peut
» rien d'elle-même, sa voix est sans valeur. Accablée de
» dettes et de tributs, opprimée par les puissants, elle se
» donne en servitude aux nobles. Alors on exerce sur ceux
» qui se sont livrés les mêmes droits que sur les esclaves. »

En présence d'un égoïsme si brutal et d'une abjection si horrible, le christianisme étudia le mal, médita ses voies ; il montra une sagesse profonde dans l'œuvre de l'abolition de l'esclavage. Il fit assurément tout ce qu'il était possible de faire à cette époque en faveur de la liberté de l'homme, et sut dispenser à l'humanité le bienfait de l'émancipation sans injustice et surtout sans violence. Il employa d'abord la force des idées : il rendit le cœur des maîtres doux et intelligent, usa par la charité la rudesse impitoyable du MOI aveugle : il substitua l'indulgence à la cruauté : il remplaça le caprice du maître par l'action calme et régulière des tribunaux. Il rapprocha chaque jour davantage l'homme libre de l'esclave : il ouvrit des asiles, et sut arrêter les attentats à la vie par son efficace intervention, comme pouvoir qui dirige la conscience et réprime la volonté désordonnée.

L'église n'entendait pas introduire une indulgence qui assurât l'impunité à l'esclave coupable ; mais elle ne permit jamais qu'un homme subît les tourments ou la mort, parce que tel était le bon plaisir d'un autre homme. Le droit de vie et de mort était enraciné dans le vieux monde : il fallut de grands et persistants efforts pour l'extirper de la société. L'église fulmina ses censures, imprima ses flétrissures publiques au chrétien souillé du meurtre de son serviteur. Le concile d'Epone, dans son canon 34, dispose que le maître qui, de sa PROPRE AUTORITÉ, aura fait ôter la vie à son esclave, sera séparé pendant deux ans de la communion de l'église. Le concile de Worms, en 868, soumit à deux années de pénitence publique celui qui, par son seul pouvoir, aurait ordonné de commettre ces attentats impies. Les Pères avaient exaucé et soutenu cette pensée, que l'homme libre est lui-même soumis à une espèce de servitude dont il ne peut se délivrer sans donner à l'esclave un droit d'où suit la remise de l'obéissance. « En pénétrant » dans le fond des choses (dit saint Jean-Chrysostôme), » on découvre même quelque obligation du maître envers » l'esclave. Si celui-ci donne un travail manuel, l'autre doit » veiller à sa nourriture et à son vêtement : ce qui est une » sorte de servitude. Qu'on n'accomplisse pas, en effet, » cette obligation, l'esclave devient libre : la loi ne le » force au travail que moyennant sa subsistance. S'il en est » ainsi de maîtres à esclaves, pourquoi n'y aurait-il pas » des rapports analogues entre les hommes libres ? » Bientôt cette doctrine va s'élever et passer des hommes libres à la police même de la société. Elle interviendra entre le pouvoir qui gouverne et le peuple soumis à la loi. L'application bienfaisante de ce principe ira frapper les successeurs des Césars des peines canoniques, lorsque l'arbitraire aura mis sa cruauté à la place du droit public.

L'église a déclaré ses biens la propriété des pauvres : un concile ordonna par son douzième canon, en 844 (*Conc. Vernense*), d'employer la richesse ecclésiastique à la RÉDEMPTION des esclaves. Elle flétrissait et flétrit encore ceux qui administrent avec improbité les FACULTÉS (*facultates*) de l'église : elle les nomme MEURTRIERS DES PAUVRES (*pauperum necatores*). On peut briser les vases sacrés pour en consacrer le prix au rachat des captifs (*Conc. Rhemense, can.* 22). La mutilation des esclaves est réprimée (*Conc. Emeritense, can.* 15, *Toletanum, can.* 6) Des châtiments sont infligés à ceux qui tentent de priver de leurs libertés les affranchis par l'église ou par testament (*Conc. Aurausicanum, can.* 17). L'église d'abord se constitue le pouvoir protecteur des esclaves : elle réprime l'arbitraire des juges, pose une obligation morale et rigoureuse ; enfin elle s'attribue la connaissance de ces causes (*Conc. Matisconense*, *can.* 7). Les prêtres deviennent plus tard les défenseurs des affranchis (*Conc. Parisiense*, *can.* 5).

La vente odieuse de l'homme par l'homme fut défendue par des lois rigoureuses : un concile de Londres, en 1102, appelle ce commerce *nefarium negotium*, TRAFIQUE INFAME. En vérité, on éprouve un sentiment pénible, une angoisse de cœur indicible, alors qu'on voit des hommes de savoir et d'études calomnier encore les évêques, et les appeler les oppresseurs de la liberté, conjurés contre le bonheur et l'émancipation des peuples. N'est-ce pas l'épiscopat qui le premier pratiqua l'affranchissement gratuit des esclaves? Si nos savants se donnaient la peine d'étudier avec honnêteté notre équitable histoire ; si, détournés de leurs systèmes sans doute très ingénieux, ils voulaient connaître les lettres apostoliques de nos Papes, ils y liraient enseigné et défini tout ce qui a été dit et peut se dire encore en faveur de l'humanité et de la dignité de l'homme. Ils y trouveraient blâmé, condamné, châtié, tout ce que la civilisation européenne a pris si récemment la résolution de condamner et de châtier. Qu'ils se souviennent que c'est un Pape, Pie VII, « qui, au commencement de ce siècle, in-
» terposa avec zèle ses bons offices auprès des hommes
» puissants, pour faire cesser entièrement la traite des
» noirs parmi les chrétiens. » Aussi loin que remonte l'examen des actes du christianisme, on le trouve sans cesse à côté du pauvre, comme il le fut et l'est à côté de l'opprimé : une demande formelle du cinquième concile de Carthage (*can.* 9, *parte*), porta les empereurs à créer l'institution des DÉFENSEURS DE LA PLÈBE, pour protéger les pauvres contre la puissance et les vexations de la classe riche, qui dirigeait la police des cités. Ah ! qu'il me soit

permis de redire encore une gloire du catholicisme, une gloire du prêtre dans ses résolutions généreuses, combattant l'esclavage et préparant l'union fraternelle des peuples ! L'Irlande aujourd'hui si pieuse et par cette raison si affreusement opprimée, l'Irlande papiste, et à cette cause si outragée par l'Angleterre ; la verte Erin vit dans un jour solennel ses prélats assemblés au concile d'Armagh, en 1174, par un canon célèbre, donner la liberté à tous les esclaves anglais. « *Decretum est itaque in prædicto concilio, et cum universali consensu publice statutum, ut Angli ubique per insulam, servitutis vinclo mancipati, in pristinam revocentur libertatem.* » Alors les Anglais étaient barbares jusqu'à vendre leurs fils et leurs parents ; c'était le vice commun de la nation, *communi gentis vitio :* à cette heure, ils peuvent encore mener leurs femmes au marché : ces indignités ont disparu des terres catholiques.

L'église dut accorder à l'esclave une protection plus attentive et plus persistante dans une phase particulière et intime de la vie. Les hommes de servitude étaient considérés non comme PERSONNES, mais comme CHOSES : entre l'esclave et la brute, il n'existait pas de différence, c'était une propriété mobilière. Le vieux monde lui permettait l'attachement du chien fidèle, mais il se réservait sur son âme même les droits absolus de la domination sans limites. Le mariage de l'esclave était ce que voulait et comme voulait le maître : jamais cette union n'était sainte : l'affection ne lui donnait rien de durable et de vénéré. Lorsqu'un homme est accroupi aux pieds d'un autre homme, qui peut le vendre comme le bœuf de son étable, il n'est point pour lui d'épouse, de fils, de parenté. Son enfant est enlevé à la mère comme le jeune agneau, et va sur le marché attendre l'acheteur. L'humanité portait encore à son

front cette marque d'ignominie ! Une violation flagrante de la raison et de la justice rendait nulle l'union des esclaves, lorsque le maître ne l'avait pas consentie. Or, le mariage est l'union sacramentelle qui fonde la famille, unit les éléments les plus énergiques de la civilisation. L'église soutint les droits de l'homme, protégea les affections légitimes du cœur, défendit la dignité du père, cette magistrature sacrée du foyer domestique. Elle protesta contre cette usurpation exorbitante des lois de la nature. « Selon les paroles de l'a-
» pôtre, dit le Pape Adrien Ier; de même qu'en Jésus-
» Christ, on ne doit écarter des sacrements de l'église, ni
» l'homme libre, ni l'esclave, de même il n'est permis d'au-
» cune manière d'empêcher les mariages entre les esclaves.
» Et si les mariages ont été contractés malgré l'opposition
» et la répugnance des maîtres, néanmoins ils ne doivent
» être dissous en aucune façon. Ainsi l'église combat l'escla-
» vage sous toutes ses faces : elle relève l'homme qu'on
» veut abaisser au niveau de la bête, et repoussant les
» fantaisies de l'oppression, elle lui remet la liberté des
» sentiments de son cœur. C'était une noble conquête, au
» profit de la dignité humaine, qu'aimait à défendre le doc-
» teur angélique; car il soutient hautement et avec fermeté
» que POUR CONTRACTER MARIAGE L'ESCLAVE EST LIBRE, ET
» NE DOIT POINT OBÉIR A SON MAITRE. »

V. DIGNITÉ DE LA FEMME.

Cette transformation des mœurs, cet adoucissement de l'égoïsme, cette élévation de l'esclave ne pouvaient être pratiques et par conséquent profonds dans la vie chrétienne, sans entraîner une transformation correspondante dans la vie publique, c'est-à-dire dans les institutions et l'économie sociales. Mais cependant la législation ne subit de métamorphoses remarquables qu'après la réhabilitation de la femme, car sa condition était quelque chose d'étrange. La femme ne se vendait pas comme épouse, mais elle pouvait être répudiée : c'était un traitement plus ignominieux : l'esclave était assez heureux pour gagner souvent la confiance, la femme sans cesse était suspecte. Voilée, cachée, captive, on lui refusait l'instruction, on lui donnait les travaux pénibles. L'oppression ne la quittait jamais ! De l'empire du maître, elle retournait sous le pouvoir d'un tuteur si la mort frappait le mari ; elle n'était pas la parente de ses enfants, le père seul avait le privilège du lien, l'autorité du sang. L'incapacité dans l'accomplissement des actes de la vie civile la suivait du berceau jusqu'au sépulcre. La personnalité n'appartenait pas à la femme : on la considérait comme une chose destinée aux fantaisies voluptueuses de l'homme : elle croyait elle-même à son infériorité dégradante; elle disait : je ne suis qu'une femme ! Jeune on la supportait : mais si l'âge ou la maladie ruinait sa beauté, elle entendait ces insolentes paroles du maître : Allez chez vos parents, nous avons besoin ici de quelqu'un qui nous soit plus agréable. L'arrêt devenait irrévocable. La femme abaissée à ce degré d'ignominie n'avait plus que des sens, son âme était éteinte et son cœur était sans charité. Elle se couvrait d'or et de parures pour plaire ; mais dans le vieux monde plaire c'était corrompre, et la femme dans sa propre maison n'était qu'une courtisane du maître.

Dans son admirable livre du pédagogue, St. Clément d'Alexandrie a tracé d'une main vigoureuse et avec une grande énergie de pensée les mœurs de l'univers romain. Les femmes que le soin de leur beauté extérieure préoccupe seul, ne s'aperçoivent pas que, tandis qu'elles parent leurs corps, leur âme demeure inculte, horrible, stérile. Tels sont les temples des Egyptiens : des bois sacrés, de longs portiques, des vestibules spacieux vous y conduisent; d'innombrables colonnes en supportent le dôme élevé ; les murailles revêtues de pierres précieuses et de riches peintures, jettent de toutes parts un éclat qui vous éblouit. Rien ne manque à cette magnificence. Partout de l'or, partout de l'argent, partout de l'ivoire. Vous vous étonnez justement que les Indes et l'Ethiopie aient pu pour y suffire, produire assez de richesses. Cependant le sanctuaire se cache encore à vos regards sous de longs voiles de pourpre brodés d'or et de pierreries. Si, tout pleins de ce grand spectacle, vous en rêvez un plus grand encore, et que vous approchant, vous demandiez à voir l'image de Dieu, pour qui un temple si magnifique a été construit ; et si, alors, dis-je, un des sacrificateurs qui l'habitent, vieillard au visage grave et vénérable, vient aux chants des hymnes sacrés, soulever le voile du sanctuaire, comme s'il allait vous montrer un Dieu, un sentiment amer de mépris succède dans votre âme à votre admiration trompée. Ce Dieu puissant que vous cherchiez, cette magnifique image que vous aviez hâte de voir, c'est un chat, c'est un crocodile, c'est un serpent, ou tout autre monstre semblable, indigne, je ne dirai pas d'habiter un temple, mais dont la seule demeure drit être l'obscurité des cavernes ou la fange d'un marais impur. Ce Dieu des Egyptiens est un monstre qui se roule sur des tapis de pourpre.

N'est-ce pas là l'image de ces femmes qui, toutes couvertes d'or, ne laissent point d'abattre et de relever l'édifice de leurs chevelures, les joues étincelantes de fard, les sourcils imprégnés de fausses couleurs, emploient pour embellir leurs corps et se faire un long cortège d'amants,

le même art impur et menteur que les Egyptiens mettent en usage pour attirer des adorateurs au monstre qu'ils appellent leur Dieu? Si vous soulevez en effet le voile de ce nouveau temple, si vos yeux percent les habits de pourpre, les bijoux, le fard, ces teintures dont elles sont couvertes et pénétrées; si vous allez jusqu'à leur âme dans l'espoir d'y trouver une véritable beauté qui réponde à tant d'ornements, ce que vous trouverez, je le sais, vous repoussera et vous fera horreur. Ce temple magnifique est impur : l'image de Dieu ne l'habite plus. Vous l'y chercheriez vainement : un esprit d'orgueil et d'impureté en a pris la place, semblable à la bête impure et magnifiquement parée que l'Egypte place sur ses autels. Le serpent séducteur ronge et dévore leur intelligence par l'amour d'une gloire fausse et corrompue ; de leur âme il a fait sa caverne, et lorsqu'enfin il a tout inondé de venins mortels, lorsqu'il a vomi de sa bouche empoisonnée les passions infâmes dont il est le père, il change toutes ces femmes en autant de prostituées. Devenu leur corrupteur, il fait un commerce infâme de leur ignominie ! « Ce ne sont plus des
» femmes, mais des courtisanes éhontées. Elles abandon-
» nent leur demeure; elles fuient leurs familles ; elles dé-
» vorent, elles épuisent leurs richesses. Il faut qu'elles
» paraissent belles, ou du moins que de nombreux amants
» le leur disent et le leur fassent croire, après qu'elles ont
» consumé de longues heures à composer et à décompo-
» ser l'artifice de leurs parures. Elles se cachent à la
» lumière du jour, cherchent des lieux solitaires et obscurs,
» de peur que la lumière ne trahisse et n'efface l'éclat em-
» prunté de leur visage. Mais il faut à ces beautés factices
» des lumières artificielles. Alors le soir elles sortent de
» leur antre, l'ivresse des festins, la clarté pâle et pres-

» que terne des flambeaux, viennent en aide à leur men-
» songe : elles sont horribles et paraissent belles. »

Telles étaient les mœurs du monde payen. Le christianisme introduisit dans ces âmes ravagées la modestie et la chasteté. La courtisane disparut ; la vierge douce et pure fleurit sur la terre comme une plante céleste. Dieu versa dans son cœur simple les baumes divins de son amour, afin qu'elle en parfumât la famille et qu'elle sanctifiât sa demeure. Un souffle de vie pénétra ces êtres dégradés, les éleva jusqu'à la dignité de femme, et les fit marcher les égales de l'homme. Leur personnalité leur fut révélée au nom du Dieu créateur, afin que, s'estimant elles-mêmes, elles apprissent à repousser la souillure et à mourir pour les auréoles du ciel. C'était pourtant encore travailler à la réhabilitation de l'homme ; c'était encore la liberté, l'égalité, la fraternité que l'église élaborait, puisqu'elle introduisait dans la société LA MÈRE, L'ÉPOUSE ET LA SOEUR de l'homme qu'elle n'avait point trouvées. « Si l'homme et la
» femme ont le même genre de vie, ils ont également part
» aux mêmes grâces et au même salut (S. Clément d'Ale-
» xandrie). Ils sont aimés de Dieu avec le même amour,
» instruits avec les mêmes soins. Les enfants de ce siècle,
» nous dit le Seigneur, épousent des femmes, et les femmes
» des maris. C'est la seule différence qu'il y ait entre eux.
» Mais après la résurrection, cette différence n'existera
» plus. Les récompenses destinées aux vertus qui font de
» la société chrétienne une sainte communauté ne sont pas
» plus promises à l'homme qu'à la femme : elles sont à
» l'homme en général ; et l'on peut dire qu'il n'y a aucune
» différence entre l'un et l'autre, si ce n'est celle qu'établit
» la corruption : ainsi nous voyons que le mot GÉNÉRIQUE
» D'HOMME comprend l'homme et la femme. » Déjà S. Paul

annonçant au monde la communion intellectuelle des peuples et la grande famille universelle, s'était écrié : Plus d'hommes ni de femmes, nous sommes tous un en Jésus-Christ. L'homme intelligent et religieux qui laisse aller sa pensée aussi haut que Dieu permet à ses fils de sonder les profondeurs des cieux ; l'homme qui écoute, enfant recueilli, les paroles que l'Esprit-Saint a redites à la terre, et les reçoit dans un cœur simple et pur, cet homme concevra par le dogme de l'incarnation du Verbe divin dans le sein de la femme, qu'elle a été élevée à de grandes destinées par l'œuvre de la rédemption ! Mais il peut lui suffire de comprendre ces paroles du Christ au Golgotha : « Fils, » voilà votre mère ! » La dignité de Mère était restituée à la femme et la piété filiale venait donner à l'homme d'ineffables douceurs. Ainsi, chez le peuple nouveau, un nom nouveau était donné aux serviteurs que le maître appelait ses chers ENFANTS.

La morale chrétienne revêt la femme de la pudeur; c'est la douce lumière de l'âme qui environne le corps d'une beauté douce qui plaît et attire, mais retient et impose le respect. Elle assure un plus grand ascendant sur le cœur de l'homme, et marque à la femme une place plus distinguée dans l'ordre domestique et dans l'ordre social. La pudeur est la tunique, le saint respect dont la personne se revêt par la chasteté qui vient habiter l'âme de l'épouse comme un fruit de pureté qu'a laissé la virginale innocence après l'intimité nuptiale. Vertu sainte et chrétienne, la chasteté rend la femme forte ; c'est la garde toujours vigilante qui refrène le désir : elle donne à l'amour une suave délicatesse et cette sentimentale dignité qui honore les alliances. C'est comme la lumière de la raison ; elle éclaire l'âme jusque dans les lieux les plus secrets et les plus intimes de la vie ; elle repousse les dégoûts et la lassitude de la sensualité; elle conserve et prolonge jusqu'à l'extrême vieillesse des affections immémorables qui nous accompagnent à tous les âges, parce qu'ils découlent de la féconde honnêteté du cœur. L'homme comprend l'honneur du mariage : il le place dans l'estime et non dans la jalouse possession du maître : la chasteté assise au foyer domestique lui répond de la chasteté au dehors : sa propre pudeur lui fait inspirer à l'épouse une confiance égale à celle qu'il accorde. Il est heureux et son lien devient indissoluble, car c'est la beauté qui plaît et séduit : or la vertu est la beauté de l'âme, et la vertu a toujours une beauté et une jeunesse immortelles. La femme par l'amour pur et vrai n'est plus l'esclave et le vil instrument des voluptés insultantes d'un tyran : l'un et l'autre se sont élevés de la terre : la femme est une compagne revêtue de dignité, et la société possède l'homme. Les ténèbres ou les murailles ne couvrent plus les infamies de la couche de l'époux : « il est maître encore, mais cette magistrature n'exclut pas celle qu'il donne sur lui-même, DIT LE PÈRE LACORDAIRE, et son cœur obéit d'autant mieux que sa pensée commande avec un empire qui n'est pas disputé. » Le chef devient l'ornement de la femme ; le mariage est la couronne de l'homme. Les enfants qui naissent du mariage en sont comme les fleurs que le divin jardinier cueille dans des prairies vivantes. Les enfants des enfants sont la couronne des vieillards, et les pères sont la gloire des enfants. Jésus, qui est le père universel de la nature et le libérateur du monde, est le chef et la couronne de la famille universelle. La femme chrétienne donc aime son époux et en même temps elle aime son Dieu : si elle vit autrement, elle appartient toute entière à l'homme : alors, quoique mariée, elle a repris l'opprobre de l'esclave.

« La beauté d'une femme sans pudeur, a dit la Sagesse, est comme un collier d'or au cou de l'animal immonde. »

Le catholicisme, par cette morale à la fois douce et sévère, par la protection qu'il accorda sans cesse aux sentiments délicats et modestes de la pudeur, corrigea, sanctifia les mœurs. L'amour ne s'éteignit plus dans la lassitude : la femme marcha l'égale de l'homme, parce que sa vertu lui rendit sa dignité. « Ainsi fut créée dans la famille l'identité
» des intérêts, dit l'abbé Balmès : ainsi fut garantie l'édu-
» cation des fils d'où résulta cette intimité qui unit si étroi-
» tement parmi nous le mari et la femme, le père et ses
» enfants. Le droit atroce de vie et de mort fut supprimé ;
» le père n'eut pas même la faculté d'infliger des punitions
» trop sévères, et tout cet admirable système fut consolidé
» par des liens robustes, mais doux, fut appuyé sur les
» principes de la saine morale, soutenu par les mœurs,
» garanti, surveillé par les lois, fortifié par la réciprocité
» des intérêts, consacré du sceau de la perpétuité, enfin
» rendu cher par l'affection. » La femme des sociétés modernes reçut donc son honneur et sa dignité du catholicisme : dès lors un immense intervalle sépara la famille chrétienne de la famille payenne. Une égale différence se fait remarquer entre le monde ancien et les peuples nouveaux :
« elle est la même, dit le père Lacordaire, qu'entre la
» prêtresse de Vénus et la sœur de S. Vincent de Paul.
» Allez à ce fameux temple de Corinthe, et voyez-y la
» femme : entrez dans nos hôpitaux, et voyez-y la femme
» de charité : ce sont là les deux mondes, choisissez ».

Cette transformation profonde de la famille, opérée par une grande révolution dans les idées, sans cesse alimentée par l'instruction que prodiguaient les docteurs chrétiens, conduisit à de grandes modifications dans les lois des peuples. Le christianisme avait flétri et réprouvé l'infanticide légal, accepté universellement par l'antiquité ; les pauvres respectèrent alors dans leurs enfants l'image de Dieu, et les riches n'osèrent plus mettre à mort le nouveau-né difforme. Le baptême le rendait inviolable dans sa personne, et sauvait parfois une intelligence d'élite au profit de la société. Lactance, dans ses INTITUTIONS DIVINES, d'une parole énergique et hardie dénonçait au pouvoir l'exposition et le meurtre des enfants comme un crime aussi abominable que le parricide. Cette voix fut écoutée, et les mœurs chrétiennes dictèrent plus tard des formules légales qui adoucirent les duretés farouches du code romain. Constantin publia des édits qui protégèrent enfin la vie des enfants invalides ou pauvres !

Les castes et les préjugés de naissance, les hostilités intestines, que les pays encore non civilisés conservent toujours à la honte de l'humanité ; ces guerres de vengeances qui promènent l'assassinat et perpétuent les haines ; le christianisme sut les attaquer par la charité ; il les détruisit par les alliances et les unions nuptiales. Le grand évêque d'Hippone, en sa cité de Dieu, soutient que dans l'intérêt de la société, il importe de prohiber les mariages entre parents, afin d'amener les familles étrangères à s'allier les unes aux autres et à multiplier de plus en plus ENTRE LES CHRÉTIENS les liens de la concorde et de la fraternité. Or, cet enseignement était fécond en résultats heureux ; il préparait l'égalité des castes, et jetait les fondements de la grande alliance humaine. Saint Ambroise combattait d'un autre côté le droit exorbitant des aînés : dans la pensée de l'éloquent évêque, ce droit est contre nature, il blesse l'équité et brise la bonne harmonie de la famille ; il le repousse donc comme un élément de subversion sociale. (L. 2 *de Jacob et vita beata.*)

Le christianisme, par ses voix éloquentes et son éducation formant des mœurs robustes, préparait les générations libres. Mais pour les hommes dont les études ne sont pas superficielles ou limitées à des documents sans équité recueillis par les passions systématiques, c'est un devoir de conscience de comparer les codes de l'empire romain, de la Grèce avant Jésus-Christ, et les lois qu'un travail postérieur et remarquable réunit en des corps de droit avec des modifications profondes dans les formules. C'est alors que l'influence des idées et des mœurs chrétiennes se fait connaître comme un progrès admirable et un bienfait d'une immense portée à l'endroit des grands intérêts sociaux ! Les femmes majeures jouissant des mêmes droits que les hommes ; l'extension des droits de propriété aux enfants; l'abolition des empêchements de mariage pour cause de mésalliance ; la régularisation des droits des pupilles en présence de secondes noces ; les mères succédant à leurs enfants, elles que l'ancien monde reléguait au rang des COGNATS, c'est-à-dire mettait au ban de la famille nourrie de leur lait, née de leur sang ; le renversement des vieux préjugés, de l'oppression de l'homme, de ses prilviéges ; les innovations radicales qui vinrent bouleverser toute l'organisation de L'ATRIUM antique, en introduisant, en imposant par des lois définitives un système nouveau de succession AB INTESTAT. Toute cette législation nouvelle, avant de prendre la solennité des formes légales dans les édits des empereurs, n'avait-elle pas été, d'abord et longtemps dans les mœurs privées de la famille chrétienne dirigée par l'esprit religieux, par le pouvoir bienfaiteur et intelligent de l'église? Montesquieu n'a-t-il pas écrit que le christianisme dans sa marche au milieu des sociétés, avait de plus en plus imprimé son caractère à la jurisprudence ? M. Troplong, dans un livre excellent, affirme après des études approfondies et impartiales, « que depuis Constantin, les évêques, » les Pères de l'église et lesconciles ont donné l'impulsion » réformatrice, et en ont accéléré la marche ; de sorte que » la jurisprudence dut moins sa perfection à elle-même qu'à » la théologie. » Mais si les annales des peuples se déroulent sous nos regards, au milieu du mélange des hordes du nord aux races occidentales, après les victoires et les défaites, les conquêtes et enfin l'établissement des tribus sauvages tombées du fond de l'Asie comme une avalanche humaine, nous trouvons le christianisme actif, infatigable, disputant le monde européen à la barbarie. Les tartares nous avaient apporté la féodalité sur la croupe de leurs chevaux de bataille ; les chefs vainqueurs s'étaient fait des aires d'aigles au sommet des montagnes pour mieux exercer et renfermer leur déprédation. L'église silencieusement plaça au pied du mont ses couvents et ses moines, et bloqua pacifiquement ce château fort. Le vassal prend le froc, quitte son infâme collier pour la corde libératrice de sa ceinture ; le suserain s'agenouille au pied de cet homme, que hier encore il appelait avec mépris : un chien !... Aujourd'hui il le nomme, mon père ! et demande la bénédiction de l'enfant du populaire. L'écusson héraldique peu à peu perdit ce qu'il avait de sa dure oppression, de son altier orgueil de vainqueur. Il s'abaissa devant l'église, la seule force qui pouvait alors tenter cette œuvre et obtenir un triomphe. L'on vit successivement paraître les lois répudiées, les capitulaires, les établissements de Saint-Louis, les édits des rois qui se sont assis sur les trônes jusqu'à la promulgation du code de l'empire, et tous ces titres successifs de notre transformation partout révèlent et attestent

le génie chrétien. Ce qu'il n'a pas mis dans ces archives de notre civilisation si péniblement conquise, est toujours inique, oppresseur, barbare. Mais l'humanité ne touche pas à son dernier jour : l'homme pérégrinateur de la terre n'est point à sa dernière étape, il a donc encore bien des œuvres à terminer, bien des idées à personnaliser que le christianisme a déposées dans ses conciles, ou qu'il tient au service des sociétés comme conséquences logiques des vérités divines inscrites dans ses livres inspirés. — Chose étrange ! Les constitutions les plus démocratiques ne consacrent pas la souveraineté du peuple et l'exercice de son droit d'élire, avec plus d'énergie et de précision que les cartulaires de nos cloîtres ! « Aussi, n'hésite pas à écrire
» M. Feugueray, dont les recherches sont solides et con-
» sciencieuses, pour bien apprécier les sentiments des doc-
» teurs chrétiens, ce n'est pas seulement les lois de l'Etat
» qu'il faut étudier, mais bien la constitution de l'église ;
» cette constitution si unitaire, si populaire où l'autorité et
» la liberté se balancent dans une parfaite harmonie, où
» le mérite et l'élection ont remplacé tous les privilèges de
» la naissance : admirable modèle proposé à l'imitation des
» démocrates et des libéraux de tous les âges. »

L'intervention de l'église dans la civilisation du monde a donc été forte, énergique, intelligente : elle a transformé les mœurs en opérant une véritable révolution dans les idées et en formant par une éducation patiemment élaborée la conscience publique. Or, qu'on le sache bien : la réforme des mauvaises choses, la régénération des peuples ne viennent jamais par ce qu'on est habitué de nommer la sommité sociale, mais par le bas : la sève nutritive des racines monte aux branches qui couronnent l'arbre. Les heureux s'endorment dans leur bien-être : ceux qui souffrent sont attentifs et toujours prêts à recevoir et à faire un bon accueil aux idées. C'est donc dans le peuple que les idées trouvent une circulation facile ; comme il est la force vive des nations, s'il incarne en lui une idée féconde, il la fait fleurir et porter ses fruits. Les hommes engourdis dans les loisirs sortent un jour de leur sommeil : ils s'étonnent que la doctrine qu'ils regardaient comme le produit irréalisable des spéculations idéologiques, soit à l'état de réalité dans les mœurs de la masse : elle a force d'institution : il ne reste plus qu'à l'accepter ou à la subir. Cependant une classe particulière d'hommes résiste encore, résiste toujours, parce qu'elle se croit et se dit dépositaire du savoir et des lumières. Elle existait dans la société, mais à part et si haut qu'on ne pouvait l'atteindre : son travail d'ailleurs transcendental n'était pas à la portée du vulgaire. Elle garde donc ses habitudes, mais elle y ajoute l'esprit de critique. Elle a sans doute de l'érudition, mais limitée : elle possède la science, mais dans des spécialités : on peut dire qu'elle travaille les idées, qu'elle les remue, mais elle ne les génère pas : elle manque de critérium et flotte au gré des impuissances : elle produit des systèmes, elle généralise mais elle ne s'élève jamais à la synthèse, parce que ses connaissances sont imparfaites. Elle peut être sincère en niant des vérités, comme en affirmant ses erreurs : mais l'âme qui la mène, ainsi que la terre, n'a jamais qu'un côté dans la clarté : elle ne peut donc se mouvoir que dans le monde des opinions : ce qui la rend téméraire, passionnée, absolue dans ses négations. Elle devient facilement paradoxale, et le sophisme qui la trompe elle-même lui donne un grand empire sur les esprits superficiels. Ce sont les raisons qui, selon moi, font les mauvaises études, faussent l'histoire et enlèvent les saines croyances. Les hommes d'incomplète éducation, dit Bacon, sont incrédules : les ignorants et les vrais savants sont pieux; la religion, dit-il encore, est l'aromate qui empêche la science de se corrompre. En effet, les cœurs simples sont facilement saisis par l'évidence et la certitude : ils aiment avec candeur, et la charité est la source de la justice. Ils ont donc cette probité native qui s'éloigne instinctivement de l'orgueil n'ayant foi qu'en lui-même, et repoussant comme hostiles, toutes les activités qui lui sont étrangères. Mais pour les hommes superficiels, ou ceux d'une science incomplète quoique vaste, « Ils veulent tous acquérir » la réputation d'esprits forts, selon Descartes, et ne s'étu-» dient à autre chose qu'à combattre avec arrogance les » vérités les plus apparentes. » L'antagonisme qui lutte encore contre le christianisme, provient de cette source. Il exagère quelques abus, produits de la faiblesse humaine, et il prodigue le blâme : mais dit Leibnitz en s'adressant à Bayle : IL N'EST PAS JUSTE DE RENDRE UNE DOCTRINE RESPONSABLE DES FAUTES QUI NE SONT QUE DE L'HOMME.

Quoiqu'il en soit de ces préjugés hostiles, l'histoire démontre, ainsi qu'on vient de s'en convaincre, comment l'église libérale et démocratique a poussé l'humanité dans la voie de délivrance en suivant cette loi providentielle qui n'accorde la régénération des peuples qu'à la condition de livrer l'homme à la notion de la dignité, en semant d'abord ces idées sous le chaume qui abrite le pauvre. « L'église du Christ, dit saint Jérôme, s'est recrutée dans la vile populace. » Le juif Tryphon ne reproche-t-il pas à saint Justin de s'être lié à des gens de néant ? Saint Paul déjà n'avait-il pas signalé ce caractère de l'église primitive : « Nous n'avons pas beaucoup de nobles, nous n'avons pas un grand nombre de philosophes. » Qui ne sait que dans le dialogue de Minutius Félix, le payen Cæcilius qui depuis fut une

gloire de l'église, reproche aux chrétiens, « de sortir de la
» lie du peuple,... d'être des misérables demi-nus... des
» gens grossiers et ignorants? » Julien, dans sa haine,
voulant verser le mépris sur l'église, se plaisait à représenter JÉSUS et saint PAUL, ne trompant que des servantes
et des esclaves : le berceau du christianisme est donc bien
dans une crèche ! mais par la force des idées il a su de l'étable de Béthléem pénétrer dans le sénat et dominer ensuite les cœurs. Son évolution est sûre. L'église devenue
puissante par les peuples a-t-elle accordé un appui sacrilège à leurs oppresseurs? La doctrine chrétienne est-elle
un traité de servitude enseignant à courber la tête sous le
joug, au plus grand mépris de la dignité humaine ? A-t-elle
méconnu la souveraineté nationale, après avoir proclamé
la liberté de l'homme? Cette contradiction serait étrange !
Il est nécessaire encore à cet endroit de laisser parler
l'histoire.

VI. Enseignement catholique.

Lorsque la colère d'une nation eût jeté sur la terre d'exil
celle que la fortune de la naissance, comme dit Origène,
avait fait fille, épouse, mère de rois ; lorsqu'elle fut descendue dans le cercueil, l'église éleva la voix pour donner
ses profonds enseignements. Le sceptre et la couronne
s'étaient brisés dans les mains de cette femme, et dans les
demeures royales on s'indignait, on ne voyait que le peuple
anglais dont le bras hardi avait abaissé la majesté du trône.
Nul ne songeait à cette égalité à la mort, si capable
pourtant de montrer à tous l'égalité de la vie ; nul ne voyait
ce manteau sans brodure et sans pourpre, ce pâle linceul,
dernier vêtement d'une reine, comme il l'est de toute femme

qui se couche dans la tombe. Une voix grave et religieuse se fit entendre : « Celui qui règne dans les cieux, de qui
» relèvent tous les empires, à qui SEUL appartiennent LA
» GLOIRE, LA MAJESTÉ, L'INDÉPENDANCE, est aussi celui qui
» donne aux rois, quand il lui plaît, de grandes et terribles
» leçons. *Et nunc reges intelligite, erudimini qui judicatis*
» *terram.* » L'église venait de parler, elle avait dit aux grands de la terre, ce qu'elle proclame chaque jour devant les nations pour leur apprendre que l'homme, cette noble créature, n'a qu'un Dieu son seul maître : TU SOLUS DOMINUS ! A ce spectacle solennel assistait un grand roi, selon le langage des cours; or il avait écrit sur ses enseignes, promenées par les armées au milieu des peuples assujettis : *nec pluribus impar* : mais la trêve de Dieu cessa; Salmoné descendit dans le sépulcre où les DIEUX DE SANG ET DE BOUE, DE CHAIR et DE POUSSIÈRE, QUI PÉRISSENT COMME DES HOMMES, ainsi que s'exprime l'église, un jour aussi se reposent et se taisent : alors la voix du lévite redit à l'orgueil de la terre : DIEU SEUL EST GRAND ! mais il était distrait, car il n'écoute que lui-même. Alors dans un temps où d'indignes courtisans, ces grands ennemis des rois et des peuples répétaient à un royal enfant en lui montrant la foule qui se presse dans les cités populeuses : PRINCE, TOUTES LES TÊTES VOUS APPARTIENNENT, le prêtre à son tour parle : SIRE, DIEU N'A PAS CRÉÉ LES PEUPLES POUR LES ROIS, MAIS LES ROIS POUR LES PEUPLES. Vérités sublimes, saintes ! doctrine du christianisme, qu'on écoute et qu'on n'entend pas : des siècles ont passé avec leurs générations et ne l'ont pas comprise.

Que d'aveugles ont nié la lumière : si le Dieu créateur a fait l'homme à son image, peut-il avilir et défigurer sa ressemblance, son intelligence d'élite par la dégradante abjection de la servitude ? Il lui remet l'empire de la terre; il lui commande de la remplir de ses races, il lui donne la domination sur toutes les créatures, mais non sur l'homme. Les accents de ses prophètes sans cesse lui rappellent sa grande destinée : *Ecce quam bonum et quam jucundum habitare* FRATRES IN UNUM ! La terre est sa demeure, l'union familiale sa loi de société. N'est-ce pas proclamer les droits de l'humanité ? l'unité humaine par la fraternité, c'est ici-bas la réalisation de l'idéal DU BEAU et DU BON : c'est préparer l'éternelle égalité.

Le Christ, ce divin libérateur, qui veut non pas abroger la loi, mais la développer, enseigne à l'homme la mission des dépositaires du pouvoir. Celui qui parmi vous, dit-il aux âmes ambitieuses, veut occuper le premier rang doit être le serviteur de tous. Or, comme il est roi, mais comme il est frère, il prononce ces nobles paroles : Je suis venu non pour être servi, mais pour servir : *Non ministrari, sed ministrare ;* et ployant le genou devant son peuple, il lui lave les pieds.

S. Paul après le maître enseigne les peuples ; il annonce que les pouvoirs viennent de Dieu, mais il avertit les nations que l'OBÉISSANCE doit être INTELLIGENTE : l'obéissance chrétienne n'est pas le stupide servilisme de l'esclave. Au-dessus de toute puissance, il place la loi, cette loi de ustice et d'éternelle équité qui est le fondement de toute société. Ni les rois, ni les empereurs ne peuvent impunément la violer, car S. Jacques avertit les hommes que tous doivent être jugés d'après la loi de LIBERTÉ. Le gouvernement est donc institué pour le bien : si haut qu'il soit placé, c'est pour apercevoir les besoins de tous, les droits de chacun, en un mot la somme de ses devoirs. L'apôtre le dit : *Minister in bonum.* S'il fait le mal, s'il sort de l'ordre, il perd son titre ; comme chef de la société il administre, il ne domine pas.

Tout pouvoir vient de Dieu, la société vient aussi de Dieu : le pouvoir et la société sont donc de droit naturel comme ayant été voulus et ordonnés par Dieu : mais les conditions de l'existence des peuples sont soumises à l'intelligence s'exerçant dans l'ordre, c'est-à-dire jugeant des jours où l'obéissance est prudente pour ne pas compromettre l'avenir des nations. C'est ainsi que S. Jean-Chrysostôme l'enseignait hautement à Constantinople : avant, le Père Origène avait donné ce sens aux paroles de l'apôtre. Ces principes de droit public sont encore professés par de graves autorités. L'homme selon S. Thomas, doué d'une raison qui ne se développe que par des rapports avec les autres hommes, ne peut vivre seul. L'écriture n'at-elle pas prononcé cet arrêt énergique : *Væ soli!* Il faut donc qu'il vive en société : « L'un aidant l'autre, chacun » appliqué à sa tâche respective, celui-là de telle manière, » celui-ci de l'autre. » Ainsi le docteur Angélique au XIIIe siècle établissait la solidarité des hommes et leurs fonctions diverses dans le mouvement de la vie sociale. Il déclare encore que le pouvoir nécessaire à l'ordre, est comme la société de droit divin : « Sans pouvoir en effet, la multitude » se dissoudrait.... Il n'y a pas d'association possible sans » direction. » Mais cette puissance directrice, il l'assujettit à la loi du devoir, *minister in bonum*, ainsi que l'a dit S. Paul ; car la loi est un réglement raisonnable fait en vue du bien de tous, par celui qui a soin de la communauté. « Or, il suit de ce principe que la loi n'est obligatoire en conscience, qu'autant qu'elle est conforme à la règle suprême de la justice ; dès qu'elle dépasse le pouvoir du législateur, dès qu'elle blesse l'équité, l'obéissance

intelligente sait alors distinguer ce qu'elle doit accepter comme légitime ou repousser comme tyrannique. *Quia si unus homo habuisset super alios supereminentiam scientiæ et justitiæ, inconveniens fuisset ; nisi hoc exequeretur in utilitatem aliorum.* Ainsi donc ce seul fait de l'égoïsme, même sans violence, et sans persécution, est le signe auquel le tyran est reconnaissable, car dit l'ÉCRITURE : « NUL NE VIT ET NE MEURT POUR LUI-MÊME. » Alors S. Thomas enseigne aux peuples qu'il n'y a pas de sédition coupable, pas de péché à renverser un régime oppressif ; cependant il recommande aux sujets de s'assurer que l'insurrection ne doit pas entraîner plus de maux que la continuation de la tyrannie. Le docteur prend soin de définir d'abord la sédition. C'est la révolte contre l'unité de la multitude, c'est-à-dire contre le peuple, mais il appelle peuple avec S. Augustin : « Une nombreuse association qui repose sur
» la sanction du droit consenti et sur la communauté
» d'intérêts. Or, l'évêque d'Hippone ne veut pas regarder
» comme DROIT, les iniques institutions des hommes, car
» ce qui se fait avec justice se fait avec droit ; donc où la
» justice n'existe pas, le droit n'est point, il conclut que
» peuple ne peut être gouverné sans la justice ». C'est alors qu'il EXISTE, qu'il a sa CHOSE, et que la république est constituée, puisqu'elle exprime une association reposant sur le droit et la communauté d'intérêts. S. Thomas est donc logique quand il professe, *quòd regimen tyrannicum non est justum, quia non ordinatur ad bonum commune* « SED
» AD BONUM PRIVATUM REGENTIS. *Ideo perturbatio hujus*
» *regiminis, non habet* RATIONEM SIDITONIS ; *nisi forte*
» *quando sic inordinate perturbatur tyranni regimen ; quòd*
» *multitudo subjecta majus detrimentum patitur ex pertur-*
» *batione consequenti quàm ex tyranni regimine.*

Je pense donc que cette doctrine de la souveraineté du peuple est ancienne et qu'elle a ses racines dans le cœur et les entrailles du christianisme, car elle ressort des textes mêmes des écritures définissant les devoirs. Les Saints Pères l'ont vulgarisée. D'ailleurs la dignité de l'homme, intelligent, libre, volontaire, engendre l'indépendance de la nation, c'est-à-dire la souveraineté. Le pouvoir ne peut donc appartenir à la naissance. Saint Jérôme dans son commentaire sur l'épître à Tite, pose la règle de sa légitimité :
« Moïse, cet ami de Dieu, à qui le Seigneur parle face à
» face, eût pu choisir ses fils pour succéder à son comman-
» dement, et transmettre ainsi à postérité ses honneurs et
» sa dignité : mais il aima mieux choisir pour son succes-
» seur Josué qui n'était ni de sa famille, ni de sa tribu,
» voulant nous apprendre par là que le pouvoir ne doit pas
» appartenir à la naissance, mais au mérite, *Ut sciremus*
» *principatum in populos non sanguini deferendum esse, sed*
» *vitæ.* »

M. Feugueray, que j'aime à citer parce qu'il a fait des études sérieuses sur cette partie de l'histoire des idées chrétiennes pénétrant la vieille société payenne, M. Feugueray signale l'influence du christianisme dans le droit public.
« Les Empereurs proclamèrent solennellement, dans les
» préambules de leurs édits, que l'autorité du Prince est
» soumise à la loi (Théodose II et Valentinien III). Cette
» transformation apparaît deux siècles seulement après
» que tous les jurisconsultes classiques avaient professé le
» principe du despotisme dans le fameux axiome qu'il n'y
» a pas d'autres lois que la volonté du Prince ; *quidquid*
» *principi placuit, habet legis vigorem!* Des empereurs
» auraient-ils ainsi renoncé à la souveraineté prétendue
» divine qu'avait si longtemps adorée le monde payen, si

» auparavant les chrétiens n'avaient commencé par ensei-
» gner, au prix de leur sang , le respect des droits de
» l'homme ; s'il ne s'était trouvé des saints pour imposer
» des pénitences canoniques aux successeurs des Césars? »
M. Feugueray est un écrivain d'un esprit vigoureux et hardi,
je n'accepte pas toujours ses décisions, mais je crois qu'à
cet endroit il demeure dans la saine doctrine. Si le pouvoir
est de droit divin , ce qui le rend respectable, il est par son
origine même obligé à la plus sévère justice. Jamais le chef
d'une nation, quelle que soit la forme d'un gouvernement,
ne peut se mettre au-dessus du droit ; car c'est la loi qui
commande et non pas le souverain ; la direction de la société
n'est placée entre ses mains que pour l'exercer conformé-
ment à la raison et à la justice. S'il devient violateur de la
loi , s'il met le bien public en péril , la résistance alors est
légitime : elle prend le caractère du devoir dans les cir-
constances suprêmes où il s'agit de sauver les intérêts supé-
rieurs de la communauté. Jamais l'enseignement catholique ne fut contraire à ce droit sacré. Dans des temps où la
religion dominait et dirigeait les peuples, mais pacifiquement vers une civilisation réelle et bienfaisante, elle a permis , elle a autorisé des nations opprimées à parler un rude
langage aux rois égarés dans des voies tyranniques. L'équitable histoire n'a-t-elle pas conservé la fameuse proclama-
tion catholique que les conseillers des cent villes de Barce-
lone adressèrent en 1640 à Philippe-le-grand, roi d'Espagne. « La principauté sait par expérience que vos soldats
» n'ont pitié de rien ; aussi est-elle partout sous les armes,
» afin de défendre dans une extrémité si pressante et sans
» espoir de remède, la fortune, la vie, l'honneur, la
» liberté, la patrie, les lois , et par dessus tout, les saints
» temples, les images sacrées et le très saint Sacrement de
» l'autel, loué soit à jamais ! EN PAREIL CAS LES SACRÉS

» THÉOLOGIENS NE SE CONTENTENT PAS D'ÉTABLIR QUE LA
» DÉFENSE EST LICITE ; ils disent encore que pour prévenir
» le mal, L'USAGE DES ARMES EST PERMIS A TOUS, depuis le
» LAÏQUE jusqu'au RELIGIEUX : que les biens séculiers et
» ecclésiastiques peuvent et doivent contribuer à la défen-
» se ; que les peuples envahis peuvent, puisque la cause
» touche tout le monde, S'UNIR, SE CONFÉDÉRER, et FOR-
» MER DES JUNTES, afin de marcher avec prudence au
» devant des maux. » Jamais l'église n'a condamné comme
hérétique cette noble, cette énergique parole du peuple.
Elle est conforme à la doctrine de St. Thomas; Tertullien
avait professé la même opinion : « *Illis nomen factionis*
» *accommodatum est, qui in odium bonorum et proborum*
» *conspirant, cùm boni, cùm pii congregantur, non est factio*
» *dicenda, sed cura.* » La foi catholique reconnaît que le
pouvoir vient de Dieu : il doit être respecté dans les mains
vertueuses qui l'exercent avec équité : mais LA FOI NE DÉFEND
PAS DE RÉSISTER au gouvernement SACRILÉGE QUI OUTRAGE
LA SOCIÉTÉ ; car elle est aussi de droit divin ; et l'insulte
qu'on lui fait, est également une insulte faite à Dieu. Lors
donc que la communauté a déféré le pouvoir, elle doit
obéir, autrement les nations disparaîtraient dans l'abîme
des guerres intestines. C'est ainsi que l'entend l'écriture :
ubi non est gubernator, populus corruit. Prov. D'ailleurs déléguer et retenir ne vaut : mais elle conserve son droit souverain pour l'exercer dans les jours où le salut de la patrie
réclame l'intervention du peuple. Ces principes sont applica-
bles aussi bien au président de république qu'à l'empereur
ou au roi : alors président, roi ou empereur sont tenus à
servir activement le bien public : ils ne doivent pas rester
des hommes sans fond et sans substance : St. Bernard flétrit les chefs inutiles : *simia in tecto rex fatuus in solio suo.*

VII. — Deux écoles théologiques. — École romaine. — École gallicane.

L'enseignement des écoles a-t-il intronisé une autre doctrine ? Je dois avant de reproduire les documents les plus recommandables de l'histoire où cette question est résolue, présenter une simple réflexion sur l'état des peuples en Europe, particulièrement au moyen-âge. A cette époque assez mal étudiée, le pouvoir des rois était gêné dans sa marche par les résistances des grands vassaux, gens bardés de fer, turbulents et avides de tous motifs de guerroyer. Ils opprimaient les peuples et souvent les rois. La puissance des ducs de Bretagne et de Bourgogne était grande et ambitieuse. Si d'un côté la royauté se trouvait souvent sans pouvoir, et parfois en péril de perdre la couronne, d'un autre la France n'avait pas d'unité, et sa nationalité de fait n'existait pas encore. Cette oligarchie pesait donc sur tous, et les rudes seigneurs se prirent à faire également la guerre au clergé. Leur égoïsme oppresseur pressentait ce que les paroisses avaient de redoutable. En effet, elles formaient des communautés dont les résistances plus tard ont sauvé la nationalité française. Les rois, depuis S. Louis, firent des efforts inouïs pour se débarrasser des seigneurs grands vassaux : ils avaient compris que le trône ne serait solidement établi, et la couronne assurée, que par la centralisation du pouvoir et sa concentration en eux-mêmes. Il leur fallait un secours énergique : or l'église seule était alors ce pouvoir. L'église portée dans le cœur du peuple en possédait la volonté et la pensée. Pour combattre leurs vassaux, les rois s'appuyèrent donc sur les clercs et le populaire. Or, dans ces temps, la royauté venait, par ses projets d'unité dans le pouvoir, présenter aux peuples, accablés par l'oligarchie seigneuriale, une réelle et salutaire délivrance. L'église connaissait la douleur des chaumières ; elle vit que la disparition de tant de maîtres fastueux à nourrir serait un grand soulagement pour l'opprimé des villes et des bourgs. Un progrès se faisait : le serf s'allait mouvoir vers la civilisation, car il sortait un peu de son abjection, il se transformait en sujet. C'était beaucoup, les sociétés libres et régulières ne se font pas tout d'une pièce.

Les rois rendirent de grands devoirs à l'église, ils pouvaient être sincères : ils reçurent d'elle un grand appui, celui du populaire. Les grands seigneurs, après des efforts longs et souvent des luttes terribles, furent vaincus. Une haine profonde, implacable, tourna sa colère contre l'Eglise et l'accusa de servilisme : elle n'était plus que l'instrument de l'oppression des rois. L'hérésie survint, elle fut accueillie par les seigneurs comme un moyen de redonner quelque vigueur à leur cause et quelque force à leur résistance. Alors se forma une ligue formidable qui, pour fortifier ses révoltes, se dit armée contre les abus du pouvoir, et se prit à clamer dans le monde que l'église était l'agent le plus actif du despotisme. Cependant tout esprit méditatif et observateur comprendra qu'en détruisant l'oligarchie si arrogante et si tyrannique des suzerains, le catholicisme poussait la société vers un progrès réel en civilisation. L'unité nationale se préparait, et les liens entre les provinces se soudaient solidement par l'unité dans la volonté du pouvoir. La France enfin allait avoir son peuple : la royauté triompha, mais elle voulut la victoire pour elle et non pour la communauté. Un roi put dire et dit : l'état, c'est moi. Or, cette formule du pouvoir enseignait à tous qu'il n'y avait pas encore de patrie, mais un grand vasselage.

Les rois vainqueurs supportèrent malaisément la parole

austère de l'église, rappelant sans cesse que les royautés sont pour les peuples et que les peuples ont le droit d'attendre des rois une grande moralité dans l'administration, comme le respect de la dignité humaine dans les personnes. Alors pour secouer le joug de la conscience, les puissances de la terre accusèrent de tyrannie et d'ambition exorbitante la cour de Rome. L'hérésie, toujours prompte à se faire un appui de la force temporelle, pour se maintenir en se rattachant à une autorité qui n'est pas en elle, après avoir attaqué les papes comme les instruments machiavéliques du despotisme des rois, s'unit aux souverains pour accuser Rome de rêver à son profit une royauté universelle. Alors la formule d'obéissance propagée parmi ces peuples, devint une préparation, une voie tracée pour arriver à la réalisation de cette oppression théocratique. Les grands seigneurs avaient conservé un profond ressentiment contre cette action de l'église qui avait aidé le souverain et les peuples à secouer le joug des grands vassaux ; ils se joignirent volontiers à tous les ennemis de l'église. Ainsi naquirent et se propagèrent les préjugés singuliers demeurés obstinément dans les esprits, passés comme un héritage de tradition dans les familles et dans les âmes où les idées pratiques de la religion n'ont pas encore pris racine.

Les rois déclarèrent la guerre à la papauté : quelques-uns ceignirent la thiare pour marcher son égal ; mais d'autres élevèrent seulement leurs prétentions au droit divin : ils soutinrent que ce pouvoir leur était transmis IMMÉDIATEMENT par Dieu. Le roi Jacques Ier d'Angleterre se croyait un grand savoir théologique : il fit pour défendre cette cause de la royauté certains efforts d'érudition. En France, on se prit tout-à-coup d'un grand zèle monarchique : on en vint dans une assemblée des états généraux jusqu'à proposer d'ériger en principe sacré que les lois recevaient immédiatement de

Dieu la suprême puissance. Dans cet éblouissement général que le triomphe et quelques années d'heureuse fortune avaient grandi démesurément, on mit en oubli les intérêts de la société : la royauté fut un culte, les souverains se laissèrent aller aux conseils perfides des flatteurs et les écoutèrent sans méfiance. L'égoïsme ambitieux régna, domina, soumit à ses fantaisies ce qu'il nommait sa religion. Or la morale s'affaiblit, l'esprit négateur envahit la société : l'organisation sociale, émanée du catholicisme, fut désormais considérée comme assujettie à la volonté suprême d'un pouvoir immédiatement transmis par Dieu ; d'autres affirmèrent qu'elle était la fille de la raison humaine. D'un côté on voulut immobiliser les idées ; mais les libres penseurs ou les hommes de la raison pure, critiquant tout et niant beaucoup, proclamèrent le progrès sans limites.

L'église fut donc attaquée par tous, elle souffrit ; mais comme elle a confiance dans l'avenir et qu'en elle est un esprit qui sans cesse est fort et donne courage, comme les langues de feu du cénacle ne sont pas éteintes, elle continua pacifiquement l'éducation des peuples. Une philosophie hautaine se prit à reprocher au catholicisme un de ses articles de foi, formulé par S. Paul : « Il n'y a pas de puissance qui ne vienne de Dieu » C'était, selon elle, la consécration d'un affreux absolutisme.

Les souverains soutiennent cette formule pour s'en faire un titre à l'immédiate transmission de leur pouvoir, de leur droit divin à la conduite des peuples. Ils s'en autorisèrent en effet, et dirent : mes peuples.

Mais ce fut des deux côtés une grave erreur.

Les catholiques n'ont jamais supposé pour les individus ou les races royales, une bulle d'institution envoyée du ciel : ils savent toutes les vicissitudes subies par les pouvoirs civils. Notre pensée et notre croyance est expliquée d'une

manière précise par saint Jean Chrysostôme. « Il n'y a pas
» de puissance qui ne vienne de Dieu : que dites-vous ?
» Tout prince est donc constitué de Dieu ? Je ne dis pas
» cela, puisque je ne parle d'aucun prince en particulier,
» mais de la chose en elle-même, c'est-à-dire de la puis-
» sance elle-même. J'affirme que l'existence des principau-
» tés est l'œuvre de la divine sagesse, et que c'est elle qui
» fait que toutes choses ne soient point livrées à un témé-
» raire hasard. C'est pourquoi l'apôtre ne dit pas qu'il n'y
» a pas de prince qui ne vienne de Dieu, mais il dit en par-
» lant des choses en elles-mêmes : il n'y a pas de puis-
» sance qui ne vienne de Dieu. » Or, autre chose est la
puissance *in se*, comme disent les théologiens ; autre chose
est celui qui exerce cette puissance pour le bien de la chose
publique. Cette parole du grand évêque de Constantinople
définit nettement le droit divin selon les catholiques. Lorsque le dernier des rois fainéants de la race mérovingienne
s'en alla dans un cloître, et que Pépin prit la couronne,
on lui manda de Rome qu'elle appartenait à celui qui savait
la mieux porter. Or, saint Jérôme que j'ai cité, donne
également le pouvoir non à la naissance, mais au mérite.

L'église n'a point mission de révolter le peuple contre les
gouvernements, mais elle n'a pas non plus la fonction dans
le monde de sacrifier les nations aux intérêts des souverains. Dieu l'a placée sur la terre au milieu des nations
pour civiliser par l'enseignement qui répand les idées et par
l'institution des bonnes mœurs. La liberté lui donne une
action plus aisée et plus immédiatement efficace ; elle féconde les esprits et produit plus tôt le bien : mais en même
temps elle affermit la liberté, la maintient plus robuste et
plus vivante, en formant des âmes qui se meuvent dans
l'honnêteté. L'église montre aux hommes l'avenir de l'humanité du temps et leur avenir dans la cité de Dieu. Elle

élève leur pensée ; elle étend leur esprit séparé par les spéculations égoïstes ; elle pousse à la fois gouvernants et gouvernés dans le courant d'une civilisation qui régénère les uns et les autres : le nouveau monde d'intelligence et d'amour, de liberté et de sagesse les doit rendre dignes citoyens de la patrie d'outre-tombe. Or, que peuvent avoir de commun entre eux l'absolutisme et cette doctrine ?

L'enseignement des écoles théologiques n'a point soutenu ni d'autres principes, ni d'autres conséquences. Une école cependant s'est ouverte dans des temps modernes : elle se prit à professer la doctrine du droit divin, la transmission immédiate du pouvoir aux souverains; mais elle n'apparut qu'au moment où les rois levaient leur sceptre pour l'étendre sur le pouvoir spirituel. Ce fut l'époque où sous prétexte de limiter l'envahissement des Papes, le pouvoir temporel ne voulait mettre aucun frein à son ambition. Il se fit religieux pour ne relever que de Dieu ; il philosopha pour s'affranchir des sévères avertissements de l'église, attentive à sauvegarder la dignité humaine, sans laquelle il ne peut y avoir de chrétiens. Cette école fut peut-être trop pénétrée du même esprit : le peuple s'en pénétra de même; mais il dirigea sa pensée hostile contre tout ce qu'il croyait faire obstacle à son indépendance. Si le prince défendit les régales, le peuple défendit la liberté contre le droit divin, et attaqua, au nom des droits de l'homme, ceux qui voulaient soutenir ou profiter de cette opinion. Alors il confondit une école particulière avec l'église ; il se fit un moment l'ennemi du prince et du prêtre. Le temps, cet auxiliaire du catholicisme, qu'il sait d'ailleurs si patiemment utiliser, a élucidé toute chose : le peuple aujourd'hui a le sentiment du vrai. D'un autre côté, de pénétrantes intelligences ont trouvé dans le cœur du christianisme les nobles inspirations qui font les hommes libres et les citoyens des nations : la lumière se fait donc dans les esprits.

La théorie nouvelle reçut le nom de gallicanisme, peut-être à cause de l'obséquieuse docilité de ses docteurs aux désirs de Louis XIV. Je laisserai le père Daniel Concina des frères prêcheurs, écrivain du milieu du XVIIIe siècle, expliquer cette opinion gallicane, dont les parlementaires ont tant abusé. « Les théologiens et les jurisconsultes dis-
» putent pour savoir, si cette puissance suprême vient de
» Dieu PROCHAINEMENT ou seulement d'une manière éloi-
» gnée. Plusieurs prétendent qu'elle émane immédiate-
» ment de Dieu, parce qu'elle ne peut émaner des hom-
» mes, soit qu'on les considère réunis ou séparés ; car
» tous les pères de famille sont égaux, et chacun d'eux ne
» possède par rapport à sa famille, qu'une puissance éco-
» nomique, d'où il suit qu'ils ne peuvent conférer à une
» autre cette puissance civile et politique dont ils sont eux-
» mêmes dépourvus. D'ailleurs si la communauté, en tant
» que supérieure, avait communiqué à un homme ou à
» plusieurs la puissance dont il s'agit, elle pourrait la ré-
» voquer lorsqu'il lui semblerait bon ; car le supérieur est
» libre de retirer les facultés qu'il a accordées à un autre :
» ce qui causerait un grave dommage à la société. »

Des hommes éminents par leur science ont soutenu cette opinion. Bossuet fut le plus illustre : il habita bien près de Louis XIV ; cette puissance lui fut trop utile, pour qu'il n'ait pas subi l'influence de la cour. Cependant c'était un esprit qui ne pouvait complétement se défaire de la libre allure du catholicisme, et il écrivit dans son livre sur la POLITIQUE TIRÉE DES ÉCRITURES ces paroles, où se trouve une proposition qui me semble remarquable. C'est un reste de pierre précieuse arrêtée dans la gangue. « Il n'y a au-
» cune forme de gouvernement, ni aucun établissement
» humain qui n'ait ses inconvénients ; de sorte qu'il faut

» demeurer dans l'état auquel un long temps a accoutumé » le peuple. C'est pourquoi Dieu prend en sa protection » tous les gouvernements légitimes, en quelques formes » qu'ils soient établis ; qui entreprend de les renverser, » n'est pas seulement un ennemi public, mais encore un » ennemi de Dieu. » Si d'une part ce raisonnement tend à immobiliser les idées et les peuples, de l'autre il établit que toutes les formes de gouvernement sont bonnes, et se sanctionnent par le temps. Mais alors dans un pays où la république est le légitime gouvernement, l'obéissance au président est une obligation de droit divin. Or, cette république ne s'est organisée qu'avec l'intervention du peuple ; d'où il suit que la souveraineté nationale est une puissance légitime et morale. Le pouvoir immédiatement transmis par Dieu seul aux rois, me semble donc un privilége mal soutenu par la logique.

L'opinion contraire au gallicanisme, dit le père Concina, répond, et certainement avec plus de probabilité et de vérité, qu'en effet toute puissance vient réellement de Dieu, mais qu'elle ne se communique à aucun homme en particulier immédiatement, si ce n'est par le moyen du consentement de la société civile. Que cette puissance réside immédiatement, non dans un particulier quelconque, mais dans l'entière collection des hommes, c'est ce qu'enseigne expressément S. Thomas, suivi par Dominique Foto, par Ledesma, par Covarruvias. La raison en est évidente ; puisque tous les hommes naissent libres par rapport à la société civile, nul n'a de pouvoir civil sur un autre, puisque ce pouvoir ne réside ni dans chacun d'eux, ni dans aucun d'eux d'une manière déterminée ; il s'en suit que le pouvoir se trouve dans toute la collection des hommes. Dieu ne confère cette puissance par aucune action particulière distincte de la création ; mais elle est comme une propriété qui suit la droite raison, en tant que cette raison ordonne que les hommes réunis moralement en un tout prescrivent par UN CONSENTEMENT EXPRÈS OU TACITE, LA MANIÈRE de diriger, de conserver et de défendre la société. De là suit que la puissance qui réside dans le prince, dans le roi, ou dans plusieurs, soit nobles, soit plébéiens, émane de la communauté elle-même... ainsi nous tenons pour fausse l'opinion qui affirme que Dieu confère immédiatement et prochainement cette puissance au roi, au prince ou à tout chef quelconque du gouvernement à l'exclusion du consentement tacite ou exprès de la république... Dieu comme suprême modérateur de toutes choses, dispose et ordonne tout, mais cela n'exclut pas les opérations et les conseils humains, ainsi que l'interprète sagement S. Augustin et S. Jean Chrysostôme.

Balmès que je cite, afin que son excellent ouvrage se vulgarise et s'étudie, Balmès observe que le Père Concina en parlant de consentement TACITE OU EXPRÈS, entend uniquement le MODE d'exercer le pouvoir, non le pouvoir lui-même, pour défendre la société. Cet enseignement est celui de Bellarmin, génie supérieur, esprit vigoureux inspiré par S. Thomas et les Pères de l'église. Il professe comme le docteur angélique que la société et le pouvoir sont de droit divin et naturel, mais que le MODE de constituer cette société, de transmettre et d'exercer le pouvoir, est DE DROIT HUMAIN.

L'enseignement de Bellarmin est remarquable par la profondeur comme par la vigueur des pensées. La dignité humaine est maintenue à la hauteur où Dieu l'a placée. L'autorité divine apparaît dans l'ordre général, mais au-dessous et pour s'élever jusqu'à elle, l'intelligence de l'homme se révèle dans toute sa noble indépendance. Il conserve sa volonté et il possède aussi son fiat, d'où sortent les formes de gouvernement qu'il plaît aux communautés de choisir et d'instituer. » En général et abstraction faite des formes du gouvernement, dit l'illustre cardinal, la puissance civile émane de Dieu, comme une conséquence nécessaire de la nature humaine ; elle ne dépend pas du consentement des hommes, qui malgré bon gré ont toujours un gouvernement ; elle est donc de droit naturel, et le droit naturel est le droit divin. » Tel est le principe fondamental de la puissance, elle émane de Dieu : mais ne croyez pas que la liberté va par conséquence logique de ce principe être immolée à l'autorité ? Ce pouvoir par cela qu'il découle directement de Dieu, devient-il le droit inamissible d'une race ou d'une famille : où réside-t-il donc ? dans la communauté tout entière répond le docteur. Le pouvoir réside immédiatement dans toute la multitude ; le droit divin qui ne l'a départi à aucun individu, l'a par là même laissé à tous. Abstraction faite du droit positif, il n'y a pas de motif pour qu'entre égaux l'un commande plutôt que l'autre, c'est à la multitude qu'appartient le pouvoir... La multitude transfère cette puissance à UNE PERSONNE ou à plusieurs par le droit même de la nature, car la république ne pouvant l'exercer par elle-même, est obligée de la communiquer à un seul ou bien à un petit nombre... Les formes des gouvernements en particulier, sont du droit des gens, non du droit naturel, puisqu'il dépend de la multitude de se constituer sur elle-même un roi, des consuls ou d'autres magistrats comme cela est clair : ET MOYENNANT UNE CAUSE LÉGITIME, la multitude peut changer une royauté en aristocratie, ou en démocratie, et *vice versa*, ainsi que nous voyons que cela se fit à Rome. Remarquez qu'il suit de ce que l'on vient de dire, que cette puissance en particulier vient de Dieu, mais MOYENNANT le conseil et l'élection de la part de l'homme, comme toutes les autres choses qui appartiennent au droit des gens, car le droit des gens est comme une conclusion déduite du droit naturel par le raisonnement humain.

Or, on sait que Bellarmin était fort attaché à la chaire romaine. Si la papauté avait été si profondément pénétrée des principes de servilisme à l'endroit des couronnes royales, ainsi que l'ont supposé ses accusateurs, ce théologien n'aurait pas fait entendre ces grandes leçons sur les droits des peuples, et proclamé si hautement l'indépendance et la dignité humaine. Bellarmin d'ailleurs écrivait à Rome : loin de voir condamner ses écrits, il était environné de considération et d'honneur. Mais dans l'école même il n'était point isolé, la généralité des théologiens se range à cette opinion, si conforme aux enseignements des pères de l'église. Suarez, un de nos plus puissants génies théologiques affirme que l'opinion de l'illustre Bellarmin est ancienne, reçue, vénérable et nécessaire.

On doit maintenant reconnaître les raisons qui firent frapper cette doctrine de réprobation par le roi Jacques, et pourquoi l'enseignement en fut interdit sous Louis XIV.

Le roi d'Angleterre qui se piquait d'un grand savoir théologique tenta de réfuter Bellarmin ; mais il trouva dans le monde savant, D. François Suarez, professeur à l'université de Coimbre, qui repoussa les doctrines de Jacques Ier comme NOUVELLES ET SINGULIÈRES. « Le sérénissime roi, dit-il, non seulement opine d'une manière nouvelle et singulière, mais encore attaque avec acrimonie le cardinal Bellarmin pour avoir affirmé que les rois n'ont pas reçu de Dieu l'autorité IMMÉDIATEMENT comme les pontifes. Quant à lui, il soutient que le roi ne tient pas son pouvoir du peuple, mais immédiatement de Dieu ; et il s'efforce de persuader son opinion par des arguments et des exemples dont j'examinerai la valeur. »

Chose étrange ! alors qu'on accuse les écoles théologiques d'enseigner la servitude et l'absolutisme, elles combattent pour la souveraineté du peuple et repoussent les orgueilleuses prétentions des rois. Suarez donc résume ainsi son opinion : « Toute autorité civile exercée par un homme,
» VIENT, soit directement soit indirectement, DU PEUPLE ET
» DE LA COMMUNAUTÉ : autrement elle ne serait pas une
» AUTORITÉ LÉGITIME. *Mediante concilio et electione humaná.*
» — Le corps du peuple, dit-il ailleurs, a le droit de s'in-
» surger contre lui (le pouvoir tyrannique) sans être cou-
» pable de sédition... car la nation est plus grande que le
» roi : *tota respublica superior est rege.*
» Oui, Bellarmin a raison, Suarez a raison, s'écrie
» M. Feugueray remué dans son cœur par les énergiques
» défenseurs de l'indépendance des nations, le peuple est
» supérieur au pouvoir. Il n'y a qu'une chose qui ne dé-
» pende pas du peuple, c'est de changer la loi morale, la
» règle du juste et de l'injuste ; cette sphère seule est au-
» dessus de la souveraineté, parce que c'est là même qu'il
» puise le principe de sa vie sociale : le peuple peut tout,
» sauf légitimer l'injustice. » Ah! sans doute, le peuple est souverain ; mais sa souveraineté doit être dirigée par une intelligence éclairée, par les sentiments d'une âme libre de tout préjugé, surtout fermée aux atteintes des passions, des préjugés, des flatteurs. Or, il lui faut une certitude : le peuple ne la peut avoir qu'en tournant ses regards vers celui de qui émane le pouvoir qu'il exerce, vers Dieu qui ne flatte et ne trompe personne : le peuple doit être religieux. Mais en France, quoi qu'on fasse, la nation est catholique. Or, elle porte par cela même le principe d'une liberté durable dans ses entrailles : elle réalisera donc les institutions que le monde attend de ses lumières et deviendra par ses nobles et libres pensées la tête et le cœur de l'Europe.

— 80 —

Cet enseignement se continue, et l'opinion qu'il met en crédit s'étendit dans la chrétienté. Elle fut d'ailleurs acceptée et professée par des hommes dont les noms font autorité dans les écoles de théologie. Billuart, s'appuyant sur saint Thomas et saint Isidore, s'exprime nettement sur la question de la souveraineté. « Je dis en premier lieu que la
» puissance législative appartient à la communauté... La
» puissance qui vient de Dieu, réside naturellement dans
» la communauté : elle n'est dévolue aux rois et aux autres
» gouverneurs que par le droit humain. Ce théologien écri-
» vait sous Louis XIV ; à l'époque où les traditions haute-
» ment monarchiques étaient en vigueur. »

Je terminerai l'énumération des autorités recommandables et les citations des docteurs les plus illustres par l'opinion de saint Liguori : « Il est certain que le pouvoir de
» faire des lois existe chez les hommes ; mais en ce qui est
» des lois civiles, ce pouvoir n'appartient naturellement à
» personne ; il appartient à la communauté des hommes ;
» laquelle le transfère à un ou à plusieurs, afin que ceux-ci
» gouvernent la communauté elle-même. »

Les transformations dans les sciences ne sont pas moins pénibles que dans les mœurs : c'est dans le monde scientifique que vivent les plus terribles préjugés ; la raison se croit suffisamment éclairée et veut marcher seule : or, à part des croyances, la raison n'a qu'une allure mal assurée ; elle s'aventure dans les systèmes. Tout est permis sur ce terrain : comme la volupté de la raison est la critique, à mesure que paraît un nouveau Prométhée, elle se plaît comme le vautour mythologique à le déchirer vif et à le mettre en lambeaux. La volupté de l'âme est l'orgueil : cette habitude de tout attaquer par la critique et de tout abattre souvent par de faux triomphes, exalte l'esprit, il s'enivre de lui-même ; son action exagérée ne donne que des ruines dont la société s'épouvante, car jamais elle n'en peut faire aucun profit. Il arrive parfois et pour le malheur de l'humanité, que des idées fausses dominent à l'aide de ces défaites, de toutes tentatives de progrès mal conçu. Le vide qu'on fait ou qu'on paraît faire, laisse régner l'empirisme audacieux, toujours très favorable aux passions et protecteur des intérêts égoïstes. Le doute s'introduit dans le monde et le ravage ; on vit de coutume dans les masses. Mais dans des régions plus hautes où la moralité n'a plus d'accès, on profite du temps et l'on reste sourd à la douleur d'en bas, si elle laisse en leurs loisirs ceux qui dans leur ivresse pensent que le monde est seulement pour leur heureuse fortune. La vérité est attaquée par ces hardis travailleurs d'idées : elle n'a point de valeur parce qu'ils ne l'ont pas créée ou comprise ; plus encore, par ce qu'elle ne peut s'accommoder des opinions qu'ils proposent comme l'œuvre suprême de la raison. C'est alors l'époque des insultes, de la calomnie et de l'oppression, si la force prête son appui à ces nouveaux dogmatiseurs.

La monarchie absolue et qui voulait apparaître au peuple avec le prestige du droit divin, trouva au moment de sa plus haute puissance, les esprits des hommes dans une extrême agitation et profondément occupés à élaborer ce que l'on nommait les bonnes et progressives idées. L'intelligence avait reconnu sa puissance et n'avait plus besoin de guide ; d'ailleurs, elle déclarait que tout s'allait réformer, même la création de Dieu. La philosophie indépendante avait donc porté ses atteintes à la foi de l'église. La connaissance raisonnée qui fait passer les doctrines à l'état de science est sans doute la plus parfaite en elle-même ; elle est dans la nature de l'homme un besoin, une condition de son intelligence essentiellement active et progressive ; mais cette connaissance rationnelle est nécessairement bornée ; car il est des choses qui sont du domaine de Dieu et d'autres qui sont de la sphère où l'homme se doit mouvoir. Sans doute l'humanité doit accomplir sa destinée, mais elle doit arriver à son but suprême en suivant la voie qu'a tracée celui qui est législateur et créateur. Nous voyons ce qu'il veut nous laisser voir, mais toute tentative de l'intelligence pour aller pénétrer ce qui est pour nous impénétrable devient imminent pour la raison. Cette prétention téméraire à une indépendance sans limites est un égarement extrême : la raison qui s'épuise dans de vains efforts, s'asservit à elle-même, se croit fermement, et le moi impérieux parti bientôt à faire son apothéose, repousse par cet acte de délire et d'orgueil absolu toutes attractions déposées par Dieu dans l'âme de l'homme, afin qu'il réalise son avenir providentiel.

VIII. OPINION HÉRÉTIQUE. — SES CONSÉQUENCES PATENTES.

Un mouvement rationnel qui vint des écoles scolastiques grecques se communiquer à l'Europe, se fit connaître d'abord par les affirmations de Gilbert de la Porée et d'Abailard. L'autorité orthodoxe refréna ces hardiesses philosophiques. L'orgueil fut dès lors averti qu'un pouvoir vigilant serait toujours près de lui pour réprimer ses présomptions audacieuses : il tourna tous ses efforts contre l'église. Arnaud de Brève fut un des plus énergiques révoltés : le concile de Latran condamna ce novateur. Le docteur Wiclef fouillant les vieilles et impures archives du manichéisme en dégagea le principe d'indépendance qu'il essaya de formuler. Jean Huss en fit hardiment son drapeau qu'il arbora au sein même de l'Europe continentale. Alors parut Luther qui le transforma en dogme et en fit une religion. Le grand

Schisme d'occident fut une conséquence de ce mouvement rationnel. Il agita les dernières années du 14e siècle, il montra son audace dans les 4e et 5e sessions du concile de Constance, inspira les délibérations factieuses de Bâle et s'éteignit au milieu du 15e siècle : mais il laissa de funestes germes dans les esprits. Le saint siège fut attaqué dans son pouvoir et dans sa mission par des penseurs libres qui se succédaient dans les négations jusqu'à descendre au naturalisme social.

La royauté à l'époque de sa puissance la plus absolue tourna cette indépendance d'opinion sur le pouvoir des papes. La politique s'empressa de tourner les choses au profit de la puissance monarchique, qui dès le moment opprima tout à la fois les peuples et l'église. L'asservissement devint si grand que le clergé n'eût aucune liberté d'action : Fénelon a tracé le tableau de cette triste époque : « le roi, dit-il, dans la pratique est plus chef de l'église, que
» le pape, en France. Libertés à l'égard du peuple, SERVI-
» TUDES à l'égard du roi : autorité du roi sur l'église dé-
» volue aux chefs laïques : les laïques dominent les évê-
» ques. Abus énormes de l'appel comme d'abus. Cas
» royaux à réformer ; abus de vouloir que les laïques exa-
» minent les bulles sur la foi. »

L'école gallicane subit la malheureuse influence de cette époque : elle enseigna le droit divin des rois et d'un autre côté professa une libre indépendance à l'égard de l'autorité des papes. Je n'ai point à m'occuper de cette partie de l'opinion du gallicanisme : il s'agit de tracer l'histoire de l'état des esprits sur les questions sociales : il s'agit d'établir la pensée des diverses écoles chrétiennes sur la souveraineté du peuple. Il est facile de comprendre qu'en soulevant les prétentions au droit absolu de pouvoir transmis immédiatement au souverain, on devait décliner l'autorité pa-

pale, car les enseignements théologiques de Rome sont diamétralement opposés à ces puissances hautaines, indépendantes, faisant de leur volonté la loi suprême, et de leur bon plaisir la règle de la vie des nations. Quelles sont en effet les conséquences logiques des principes admis par l'école gallicane ? Le mouvement civilisateur apporté au monde par le christianisme s'immobilise, et l'avenir providentiel de l'humanité devient impossible, car un pouvoir direct de l'homme sur l'homme est placé sur la terre et vient étouffer dans le cœur ce grand sentiment d'alliance humaine qui se doit réaliser dans le temps par la marche progressive des idées et leur information dans la société. Or, c'est l'anéantissement du catholicisme, c'est substituer la volonté capricieuse, la fantaisie si diverse du souverain à l'immutabilité du dogme ; le progrès est impossible, le prince reste au-dessus de la morale ; le peuple tombe à l'état fatal de serf, puisque le roi ne relevant que de Dieu, n'a aucun compte à rendre sur la terre de ses vices ou de son oppression. C'est en effet ce que disait l'évêque d'Hermopolis : on peut, on doit, selon lui, conseiller aux princes le bien public ; mais s'ils font le mal, il n'en conserveront pas moins leur légitimité venue immédiatement de Dieu et de leur épée. Ils la conserveront pleine et entière, alors même qu'ils seraient des tyrans et des persécuteurs. Or, l'école contraire pose cet axiôme politique : TOTA RESPUBLICA SUPERIOR EST REGE. Le peuple est donc supérieur au prince : il peut donc souverainement disposer de l'autorité, la conférer à qui il veut, la retirer quand on en abuse. C'est le peuple qui décide la forme de son gouvernement : il se nomme un chef, mais jamais un maître. L'église, sage et logique, respecte toutes les formes du gouvernement, comme compression de la communauté souveraine.

L'école gallicane eut donc le malheur de consacrer la

puissance absolue du souverain, l'aveugle et passive obéissance de la nation. L'hérésie professait la même opinion, elle adressa ses éloges aux 32 évêques qui formulèrent en 1682, ces quatre articles fameux où furent proclamées l'indépendance entière des rois et la subalternité des peuples. La souveraineté royale alors devint sans frein ; elle posséda le territoire par le droit de l'épée et la nation par la grâce de Dieu. Cet enseignement conduisait de toutes parts à la servitude, et à cette servitude honteuse que le czar fait subir à la religion et aux peuples.

Cette déclaration de 1682, comme décision dogmatique, fut condamnée par Innocent XI, Alexandre VIII et Pie VI. La bulle *auctorem fidei* de Pie VI, fut acceptée par toute l'église catholique, à l'exception de l'école gallicane. En Espagne on censura IN GLOBO les quatre car les qui furent condamnés comme ABSURDES ET DÉTESTABLES par un concile national de Hongrie. Ces documents, l'approbation donnée aux Théologiens anti-gallicans par les souverains pontifes, d'enseignement autorisé dans les chaires de Rome, prouvent jusqu'à la dernière évidence que le catholicisme et les papes ont toujours considéré la souveraineté du peuple comme de droit naturel. D'ailleurs en canonisant S. Liguori n'était-ce pas donner une haute sanction à son opinion sur les droits de la société à l'endroit de la délégation du pouvoir ?

La déclaration, comme je l'ai dit, fut imposée par Louis XIV à toutes les facultés de théologie. Les articles organiques supposent qu'elle est encore loi de l'état ; le décret impérial de 1810 le décide d'une manière formelle. Les sanctions jurisprudentielles n'ont pas fait défaut. Un arrêt de la cour royale de Paris fut rendu dans ce sens le 3 décembre 1825. L'expression LOI DE L'ÉTAT, appliquée à la déclaration de 1682 DIT M. DUPIN, est prise dans

» un sens tout politique aujourd'hui, comme sous Louis
» XIV. C'est une loi générale, en ce qui garantit l'indépen-
» dance du pouvoir souverain contre les entreprises exté-
» rieures. » Or, ce langage paraît vraiment étrange ! On
prétend diriger cette loi d'état contre Rome et un fantôme
de théocratie universelle, et l'on consacre l'indépendance
absolue des princes : n'est-ce pas refuser au peuple SON
DROIT DE SOUVERAINETÉ? Le gallicanisme, haineux des parlementaires qui eurent des prétentions aux idées libérales,
ainsi donc établit, par sa doctrine et ses arrêts, le pouvoir
immédiatement transmis aux rois sur les nations ! Les
papes et leurs écoles au contraire défendent l'autorité spirituelle du S. Siège et la souveraineté du peuple, comme étant
l'une et l'autre de droit divin.

L'oppression de l'église par les souverains ne permit pas
à la nation française d'entendre la véritable voix catholique : alors de déplorables préjugés se sont enracinés dans
les esprits. Mais si la liberté permet à l'enseignement chrétien de développer sa politique des peuples, alors il sera
pour tous évident que l'école de S. Thomas a été grande
et profonde par la pensée. Des économistes ont bien souvent scruté cette mine d'or, et ont laissé croire à leur paternité des idées qu'ils avaient dérobées au docteur Angélique, et à cette école qui, selon ce qu'a dit Suarez avec
tant de vérité, perpétue une opinion ANCIENNE, REÇUE,
VÉNÉRABLE et NÉCESSAIRE !

IX. Prédicateurs contemporains.

Le catholicisme enseigne à l'homme qu'il a droit au sein
des sociétés à sa conservation, à son bien-être, au développement et au perfectionnement de lui-même : or il le dit aussi
aux nations qui sont les grandes familles, élément de l'huma-

nité. O'Connell, cet enfant du catholicisme, si bien inspiré par la religion sainte de Jésus-Christ, l'a répété au monde pendant 60 ans pour la pieuse Irlande. Il l'a dit pour l'Irlande opprimée et pour les nations dans la servitude : car il ne voulait pas la liberté pour sa seule patrie, mais pour tous les hommes et sous tous les cieux. Un jour Dieu mit fin aux labeurs d'O'Connel : mais avant d'aller dans la cité des hommes éternellement libres, « le vieil et mourant athlète de
« l'église et de l'humanité, dit le père Lacordaire, connut
» qu'il n'avait été que le précurseur d'un plus grand libé-
» rateur que lui, et comme Jean-Baptiste alla visiter dans
» le désert l'envoyé qu'il attendait, et dont il ne se croyait
» pas digne de dénouer la chaussure, O'Connell tourna ses
» regards vers Rome, et, faisant un dernier effort sur l'âge
» et le malheur, il partit dans la simplicité et dans la joie
» du pèlerin. » Il désirait que le père commun, notre bien-aimé et glorieux Pie IX lui dît la douce parole d'adieu sur la terre et bénît l'homme pieux, si fatigué de luttes pour l'église et la patrie. Mais il était trop tard : le souffle lui manqua sur les bords de la Méditerranée !... Or, la voix catholique qui redit aux hommes toutes les vérités, vint un jour dans la première Basilique de la grande cité de Paris, et fit entendre des accents de douleur et de gloire au souvenir de l'illustre Irlandais. C'était une noble parole de liberté, car que dire sur le cercueil de l'homme fort, si ce n'est de raconter à tous ce qui donne tant de renom au catholique d'Erin ? Ecoutez donc la pensée chrétienne d'O'Connell ! « Tout serviteur de la liberté la veut égale-
» ment pour tous... L'humanité est une, et ses droits
» sont les mêmes partout, encore que leur exercice diffère
» selon l'état des mœurs et des esprits. Quiconque excepte
» un seul homme dans la réclamation du droit, quiconque
» consent à la servitude d'un seul homme, blanc ou noir, ne

» fut-ce même que par un cheveu de sa tête injustement
» lié, celui-là n'est pas un homme sincère et ne mérite pas
» de combattre pour la cause sacrée du genre humain. La
» conscience publique repoussera toujours l'homme qui
» demande une liberté exclusive ou même insouciante du
» droit d'autrui, car la liberté exclusive n'est plus qu'un
» privilège, et la liberté insouciante des autres n'est plus
» qu'une trahison. » Ces nobles et généreux accents, qui
les fit entendre ? Ils sortirent de la bouche d'un lévite; cette
bouche d'or de notre siècle, le dominicain Lacordaire....
Un roi régnait encore, il voulait faire le silence du droit sur
la terre de France. Peuple, cette voix te fit tressaillir... Huit
jours s'écoulent et vainqueur tu proclames la liberté... C'est
la liberté du monde, si les nations écoutent la voix de la
sagesse et non les seuls et égoïstes avis du triomphe.

O terre d'Italie, terre sainte, patrie des grands hommes,
des saints et des sublimes pensées ! quel pressentiment divin
conduisait donc le martyr irlandais vers la ville éternelle ?
Était-ce l'Irlande, brisée, haletante de travail dans sa servitude, qui s'en allait trouver l'Italie accablée, avilie, couchée sur sa glèbe, afin de mêler ensemble leurs derniers
soupirs et le reste de leurs larmes ? La Providence avait des
desseins qu'elle n'a point révélés aux conseils des hommes;
les temps étaient venus, l'image du Christ de nouveau s'était gravée dans les âmes, elles sont à cette heure vivantes
et inspirées. On Dieu n'a plus besoin de ses prophètes, de
ces cœurs forts, de ces voyants qu'il avait placés près des
Balthazars, des royaumes et au milieu des nations, pour
leur rappeler l'alliance éternelle de Dieu avec les peuples.
Mais les nations seules ont été attentives ; elles ont écouté,
elles sont devenues intelligentes, elles peuvent marcher
seules, la terre promise est trouvée, l'épreuve du désert
est à sa fin, et Moïse peut se coucher dans sa tombe. Qui

les morts ont enterré leurs morts, et la voix des hommes a pu dire à ceux qui s'égaraient dans l'orgueil des grandeurs : Faites comme Dieu et traitez-nous avec une grande révérence. Alors O'Connell, ce courageux tuteur de l'Irlande, comme un fils bienheureux du Père, est allé dans le sein d'Abraham. Italie ! Italie ! tes enfants ont grandi, la pensée du vatican les anime : ils sont déjà sur leur séant, ils se lèvent et secouent la poudre et la cendre que la servitude a semées sur leur chevelure. O qu'il est doux de voir la lumière et le soleil qui chauffe et qui féconde. L'hiver fuit et voici venir le printemps qui fait reverdir l'arbre de la race humaine. Alors une voix annonça au bon prêtre, placé par l'éternel près de tes fils pour parler la parole qui fait revivre les ossements, qu'il peut dormir : comme O'Connel, le vertueux Graziozi visita le sépulcre. L'Autriche dort, elle pourtant si inquiétée. Mais Dieu veut humilier l'orgueil de la vieille payenne qui s'est vêtue d'un scapulaire et a écrit sur sa couronne : je suis chrétienne !... Mensonge !... Est-on chrétien quand on opprime ?... Celui qui si longtemps te montra ses vertus et te donna de grands et libres enseignements, le modèle des Prêtres, Graziozi meurt assuré de tes beaux jours : le glorieux Pie IX, ce bien-aimé des pieux et des forts a dit au Lazare de la servitude : *Surge !*... Italie ! n'étais-tu pas couchée sur la route, tes blessures étaient profondes et le glaive du maître t'avait transpercée : or, près de toi le mystérieux Samaritain a passé, ne t'a-t-il pas relevée ? n'a-t-il pas pris soin de toi, glorieuse blessée ? *Curam ipsius egit !* Il impose au patron de l'hôtellerie le même amour : *Curam ipsius habe !*... Prêtre, en quittant la terre, le divin libérateur t'a commandé de prendre de la misérable humanité ce soin diligent et dévoué qu'il en prit lui-même. Or, Graziozi n'a cessé de continuer ses veilles, et la voix de la vérité a pu révéler sa

pensée : « Le devoir du vrai prêtre, du vrai ministre de
» Dieu, est donc d'exalter, de défendre, de soutenir la
» justice ; elle est la véritable défense des états, l'appui des
» trônes, la sécurité des princes, la garantie des peuples,
» le fondement de l'ordre, la vraie charte de l'humanité. »
On n'a jamais ni lu, ni entendu dire, qu'une société politique
ou religieuse ait péri lorqu'elle était gouvernée par la justice. Par l'injustice, et par elle seulement, les églises particulières, ainsi que les états, tombent dans le désordre et
se précipitent vers leur dissolution et leur ruine. On a
reconnu que toutes les révolutions ont commencé ou se
sont accomplies sous des princes faibles : c'est qu'à l'ombre
de la faiblesse, l'injustice est plus féconde et plus audacieuse... Aussi avec quel dédain Graziozi ne condamnait-il
pas cette affreuse doctrine née de tant de délits, de tant de
calamités privées et publiques qui prétendent que la PERSONNE EN CHARGE, QUE L'AUTORITÉ NE DOIT JAMAIS AVOIR
TORT ? Comme il s'enflammait de zèle, comme sa voix était
redoutable alors qu'il entendait ces paroles : « Il faut éviter
» le scandale, étouffer toute plainte, prévenir tout jugement, modifier toute sentence, quand il s'agit D'UN
» PRÉLAT OU D'UN PRINCE. Ah ! il savait trop bien que les
» grands, les ecclésiastiques qui ont le malheur de prévariquer n'ont d'autre privilége aux yeux de Dieu et de la
» raison que celui d'être d'autant plus sévèrement punis,
» qu'à cause même de leur haut rang, leurs fautes sont
» plus graves et plus inexcusables. Il savait trop bien que
» le scandale le plus grand, celui qui irrite le plus les
» peuples, qui ébranle le plus leur foi, dans le pouvoir et
» la religion, c'est de voir l'arbitraire, le caprice, le délit
» impuni à l'ombre de la robe ou de la dignité. Il savait
» trop bien que rien n'édifie plus le peuple, rien ne rend
» le devoir plus respectable, rien n'assure mieux l'ordre

» social que de voir la justice fermant les yeux pour ne
» considérer ni naissance, ni fortune, ni position, laisser
» avec une sévère impartialité tomber la hache vengeresse
» sur quiconque l'a provoquée. Dirigé dans toutes ses dé-
» marches par les principes et par les idées, Graziosi mé-
» rita toujours bien de Dieu et des hommes, du peuple et
» du souverain, de l'état et de l'église, de la science et de
» la religion. » Ainsi pour l'enseignement de tous, partait
du pied du vatican la voix catholique ; ainsi elle annonçait
au monde ce que le maître divin, notre Sauveur et notre
Dieu, Jésus-Christ demande à son PRÊTRE ! Mais cette
hardie et noble parole qui sortait du cercueil de Graziozi
redisait à l'univers comment Rome, tant outragée, entendait mener les affaires de la famille humaine ; car, dans ce
sein maintenant inanimé, plus d'une fois Pie IX avait versé
les sentiments de sa belle âme... Peuples, vous n'êtes pas
encore libres : alors l'ami de Graziosi, l'éloquent P. Ventura,
répandait sur vous la grande et éternelle pensée de libération qui siége toujours où la déposa S. Pierre. Ah ! c'est de
la montagne sainte que sont venus jusqu'à nous, sur les
ailes des anges gardiens des nations, des accents qui vous
ont éveillés. Le catholicisme enseigne et avertit : Malheur
au pouvoir distrait ! malheur aux rois qui n'écoutent que
de lâches courtisans ! malheur aux princes impies ! Comme
le captif qui attend sa délivrance recueille les bruits les
plus légers, mais qui lui révèlent ou lui font espérer l'approche du libérateur ; ainsi les hommes de souffrance re-
çoivent et gardent dans leur souvenir ces répréhensions
véhémentes dont l'église poursuit l'iniquité sur la terre. Or,
je vous dis que jamais l'oppression n'a trouvé Rome lâche
et silencieuse. Ah ! dans ces jours de deuil où tout un peuple
avec ses lévites pleuraient, non Graziosi que Dieu venait de
placer dans la cité du ciel, mais le vide que son départ

— 92 —

faisait dans la famille et dans la basilique, son âme un instant arrêtée sur son cercueil fit au peuple un signe de délivrance; la voix énergique du R. P. Ventura traduisit à tous la dernière pensée du grand professeur de théologie, du saint qui s'en allait dans les régions transmondaines parler à Dieu des blessures de l'humanité ? Cette parole fut grande, belle, puissante. O liberté ! n'es-tu pas l'irradiation pacifique de la vérité, qui te peut aimer plus que l'église ? O servitude ! n'es-tu pas le flambeau obscurci et funeste de l'erreur, qui te peut détester plus que Rome ? La parole du R. P. Ventura fut comme un décret irréformable de la volonté d'en haut qui, pour la dernière fois, reprochait à l'oppression ses lamentables désordres et condamnait ses désastres !..... O terre, fais silence !.... « Tous les maux de la société, tous, sans
» en excepter un seul, les séditions, l'anarchie même,
» comme des conséquences de leurs principes, dérivent
» rigoureusement du despotisme.

» Le despotisme prive les hommes de la liberté du bien,
» qui est celle de Dieu, et ne leur laisse que la liberté du
» mal, qui est celle du démon.

» Le despotisme est l'absence de toute loi : c'est l'empire
» absolu de l'homme sur l'homme : c'est l'homme qui se
» fait Dieu pour dominer l'homme qui s'est fait chose.

» Compagne inséparable du despotisme, la barbarie
» marche avec lui, car la barbarie n'est que le règne de la
» force sur le droit, de l'arbitraire sur la loi, de la nécessité sur le devoir, du caprice sur la conscience, de l'é-
» goïsme sur la charité.

» Avec le despotisme aucun mérite n'est possible, au-
» cune vertu, aucune vérité, aucune religion, hormis celle
» qu'il plaît au despote d'imposer pour faire de l'esclave
» un instrument plus docile, une matière plus adaptée à
» ses instincts brutaux.

» A l'ombre du despotisme, avec toutes les misères ger-
» ment tous les vices, toutes les injustices avec toutes les
» erreurs ; le despotisme est la dégradation complète de
» l'homme, de la famille, de l'Etat, le plus grand fléau de
» l'humanité.
» Aussi les plus grands pontifes, les évêques les plus zélés,
» les prêtres les plus charitables DE LA VÉRITABLE ÉGLISE,
» se sont-ils toujours empressés, par tous LES MOYENS LÉ-
» GAUX et pacifiques dont ils pouvaient disposer, de com-
» battre le despotisme, en quelque lieu qu'il fût et quelque
» forme qu'il revêtit. C'est à ce zèle que déploya toujours
» l'église, pour combattre le despotisme domestique de la
» paternité dans la famille, le despotisme civil du privilège
» dans la cité, le despotisme politique de la souveraineté
» de l'état, c'est à ce zèle, dis-je, des vrais prêtres à proté-
» ger la légitime indépendance de la personnalité humaine,
» des époux, des fils, des serviteurs, des ouvriers du peuple,
» que la doctrine évangélique doit, en grande partie, d'a-
» voir toujours rencontré l'antipathie, la haine, la persé-
» cution des forts, l'estime, l'amour, l'adhésion des faibles,
» et de s'être solidement établi dans le monde. Car la
» charité est le moyen le plus efficace de persuader la vé-
» rité. Or, travailler à retirer l'homme du joug arbitraire
» de l'homme pour le mettre sous la protection de la justice
» et de la foi divine, c'est l'acte de la plus grande charité :
» c'est la charité élevée à la plus haute puissance : c'est
» la charité sociale, qui assure à l'homme, avec la liberté,
» la dignité de l'homme, et, par suite, le soulagement de
» toutes les misères, la pratique de toutes les vertus et la
» profession de la vraie religion. »

Cette parole puissante répétée par un écho toujours plus
énergique, toujours actif, toujours fécond, a réveillé les
peuples et fait tressaillir d'amour l'humanité qui croyait n'a-

voir plus qu'un flanc vide et stérile. C'était le 2 octobre 1847 que Dieu faisait ainsi parler ses prophètes afin de montrer que la vie était sans cesse dans la ville éternelle. C'était le 10 février 1848 que le père Lacordaire disait au peuple de France à qui les brises de l'Italie avaient apporté les accents harmonieux de la voix libre du catholicisme maudissant la tyrannie : « Certes, c'est un jour heureux que
» celui où une femme met au monde son premier-né; c'est
» un autre jour heureux que celui où le prisonnier revoit
» l'ample lumière du ciel; c'est encore un jour heureux
» que celui où l'exilé rentre dans sa patrie : mais aucun de
» ces bonheurs, les plus grands de l'homme, ne produit
» et n'égale le tressaillement d'un peuple qui, après de
» longs siècles, entend pour la première fois la parole hu-
» maine et la parole divine de la plénitude de leur liberté. »
Et voilà que la France a voulu se devoir à elle-même cette inénarrable joie !... D'abord un sourd murmure s'est fait entendre... Une commotion soudaine, imprévue, comme le subit effort d'un volcan qui déchire les flancs de la terre et bouleverse les barrières de rocs que la montagne oppose à sa colère, une commotion terrible, irrésistible, brise des chaînes dont à peine on entend le bruit, et le peuple apporté comme un flot passe sur un trône qu'il efface. Alors le pied fermement posé sur le sol délivré de la patrie, le front levé et radieux, illuminé de gloire et d'intelligence, il dit : Me voilà ! Jésus !.... Alors tous les peuples de l'Europe se sont agités et se sont écriés : Nous voulons être !... et l'esprit de Dieu plane et se meut au-dessus du monde.... puisse la lumière apparaître !... puisse la chaleur du soleil de Dieu donner une vie belle et paisible aux nations !

X. CONSEILS ET CONCLUSION

Peuple de France tu es grand, tu es libre, tu es souverain par droit divin ! mais souviens-toi de l'enseignement catholique. Tu vas avoir tes flatteurs, il en est déjà qui se disent TES AMIS ! ah ! tu ne dois avoir que des frères pour n'être qu'une assemblée de citoyens. On te va dire que tu as des droits : mais ceux qui t'aiment te diront que comme souverain, tu n'as que des devoirs ; de funestes amis, te diront qu'il te faut satisfaire, toi qui tant de jours as souffert; mais le christianisme te dit qu'il faut beaucoup aimer ; non pas t'aimer toi-même, toi seul, mais t'aimer dans ton frère, et t'aimer toi et lui dans ton Dieu, car nul ne vit et ne meurt pour lui-même, comme nul ne périt tout entier; tous doivent être jugés dans la loi DE LIBERTÉ. Ne tourne pas la tête en arrière, ne te fais pas imitateur...; le passé n'est plus qu'une leçon, il n'a pas duré parce que l'humanité marche dans le progrès. Tu dois être nouveau avec des idées nouvelles et des institutions neuves. Mais la société ne se fait pas à l'heure même, il faut la créer : ce sont les vertus qui se superposent, ce sont les bonnes et solides pensées qui s'informent successivement dans le temps, ce sont les institutions sagement méditées qui lui donnent la vérité et la durée. C'est un grand travail dans lequel chaque génération a sa tâche ; celle-là ne peut faire l'œuvre de celle-là ; l'homme patient est l'homme fort : la société qui veut trop, est un enfant ingrat qui se révolte contre sa mère la providence ; alors il marche vers l'oppression et la ruine... O peuple, tu es souverain, mais ne va pas te perdre comme se sont perdus les souverains...; ne sois pas égoïste, ne sois pas oppresseur..., le tyran vit dans l'oisiveté; il te faut vivre dans le travail, car le travail est noble aujourd'hui, ce n'est plus l'outrageante besogne de l'esclave. Tous les citoyens doivent leur activité à la patrie. L'un, comme a dit S. Thomas, a son intelligence qui se développe dans l'ordre, et produit les grands conseils et les bonnes mesures ; l'autre, l'adresse et la force de ses bras, qui donnent la forme aux choses inutiles de l'industrie en les accommodant aux besoins de l'homme. Mais tu ne dois pas, ô travailleur, toujours courber la tête comme le bœuf sous le joug et vers la terre. Il te faut des heures pour la famille, des heures pour l'intelligence, des heures pour prier ; car la prière donne les bons avis et les résolutions dignes et fortes. Peuple, si tu veux rester libre, sois moral. L'être sans mœurs est un être sans conscience ; or, celui-là trahit l'humanité. Ce sont les plaisirs sans frein, les voluptés énervantes, les orgies de l'intempérance qui enlèvent la dignité de citoyen et le cœur d'homme, car la vertu seule conserve à l'âme la pureté native et la force ; c'est elle qui donne le caractère mâle, qui rend un peuple robuste et capable de porter la liberté.

Peuple, tu vas déléguer tes pouvoirs, tu vas choisir tes représentants : n'écoute pas les vaines paroles, les discours pompeux, les grands dithyrambes en ton honneur ; perce la poitrine et vois le dedans de l'homme, examine la vie, observe les mœurs. La liberté n'est pas un vain mot placardé sur un mur ; la fraternité n'est pas un sentiment qui arrive tout d'un coup dans un cœur qui s'était rempli d'affections étrangères, parce qu'une bouche laisse échapper des phrases brûlantes. La vérité n'est pas impétueuse, la bonne conscience est modeste, le véritable amour est délicat et se dévoue sans prévenir et sans étalage dramatique. Le bon sens de la vie passée garantit de la sagesse dans l'avenir ; mais l'exaltation ou la vertu d'un

— 97 —

jour sont à craindre, il leur faut la sanction du temps. Ce que l'homme est dans sa famille, il le sera au dehors; redoute surtout l'homme dont la vie est ravagée par les haines et les antipathies; tremble si ton mandat tombe en des mains que va diriger une intelligence à demi éclairée et qu'enveloppent les ténèbres des préjugés d'opinion et les passions de parti. La fraternité produit la tolérance, car une erreur involontaire et de bonne foi n'est pas un crime ; il faut éclairer avec bienveillance, mais non repousser avec dureté, ou détruire avec une impitoyable cruauté. Celui qui est extrême est un ami dangereux : à celui qui sera sévère demandez-lui, non ce qu'est son zèle et son affection, mais quelles sont ses vertus ? Il est un animal que l'histoire naturelle a nommé caméléon ; il se trouve aussi parmi les hommes ; si tu veux le connaître, ô peuple, regarde la couleur de son visage, et rappelle-toi, si hier c'était bien celle qu'il montrait à son front; alors si tu le reconnais, souviens-toi que c'est un reptile ; or le serpent a perdu l'homme. Tu rencontreras des publicistes qui affirment avec gravité qu'ils ont le dernier mot de l'humanité, gens de savoir faire à les entendre, intelligences d'élite, qui veulent soudain rejeter tout et refaire tout à neuf. LE TRAVAIL ET LA PROPRIÉTÉ, ô mon frère, ô bon peuple, écoute ce qu'a dit Montesquieu : « Lorsque les indiens veulent » avoir les fruits d'un arbre, ils l'abattent par le pied ». Ne va pas recueillir ainsi les fruits de l'arbre de la liberté, car tes fils se réjouiront de le voir fleurir, ils aimeront à se reposer sous son ombrage; ne te crois pas toute la sagesse, il en reste encore pour tes enfants.

J'ai peu de chose à te dire encore, ô peuple, si ce n'est que par amour pour toi, j'ai voulu par ces spicilèges, te montrer des monuments sincères, authentiques, irrécusables de la vérité. N'as-tu pas souvent entendu des hommes qui disaient : LA LOI DE L'ÉTAT DOIT ÊTRE ATHÉE ? elle l'a été pendant qu'on t'opprimait et l'on t'opprima pendant que la loi fut athée. D'autres ont écrit que l'église était morte et que ce qu'il était plus qu'un cadavre. Eh bien je t'ai répété les paroles qu'elle adressait hier au monde, ce sont de nobles et mâles accents. Or dans quel temps a-t-elle manqué à sa mission, a-t-elle failli au malheur ? Sur quel front d'oppresseur n'a-t-elle pas porté sa flétrissure ? Lorsqu'à Thessalonique Théodose égorgea le peuple, le titre de césar le fit-il échapper à la peine du crime ? Quand un empereur opprimait les peuples en Autriche, n'est-ce pas l'enfant du peuple, Hildebrand, fils d'un charpentier, que l'église avait élu le suprême pontife, qui lui plaça son pied sur la tête et dit au monde qu'il foulait l'aspic et le basilic ? Tous les tyrans l'ont détestée : elle a dit la vérité à tous les rois, tous les peuples à cette heure lui doivent la liberté ; souviens-toi que c'est un reptile : or je t'ai raconté, ô peuple, mon frère bien-aimé, les fastes de l'enseignement catholique. J'ai peu de mérite à cette œuvre, car je n'ai que réuni des monuments que connaît tout homme de science. Je prie Dieu qu'ils te soient utiles et qu'ils fassent la lumière dans ton âme, car j'aurais manqué mon but si tu voyais dans cet écrit autre chose que ce qui demeure dans ma pensée. Je veux donc te répéter ma croyance et je désire qu'elle soit la tienne. Le catholicisme enseigne que le peuple est souverain, qu'il est libre de se donner la forme de gouvernement qu'il croit la plus convenable à son époque ; mais le chef, de quelque nom qu'il se nomme, n'a droit à l'obéissance de la communauté qu'autant qu'il administre avec justice, et qu'il ne s'oppose pas au développement de l'intelligence et du progrès. La philosophie n'enfanta jamais cette doctrine pure : elle appartient au catholicisme, et la civilisation des sociétés modernes découle de cette source sainte. C'est par lui que l'homme a recouvré sa dignité; c'est à lui que la femme doit sa réhabilitation; son amour pur, ses chastes affections ont constitué et perpétué la famille. L'avenir humain, je veux dire l'alliance universelle des peuples, n'aurait point eu de commencement et ne se réalisera jamais sans le secours de la vraie religion du Christ, mon Dieu! C'est ce libérateur divin qui a dit au monde: liberté, fraternité, égalité; mais en ordonnant à ses apôtres d'enseigner les hommes, il leur prescrit d'être doux et humbles d'esprit. Selon sa parole la violence du glaive conduit à la mort du glaive; donc la souveraineté du peuple se manifeste et ne s'établit qu'en développant l'intelligence dans l'ordre et le calme. L'église obéissante a semé les idées et formé les mœurs, éclairé la conscience publique, mais n'a jamais prêché la révolte. Quant à moi, pour écrire, j'ai consulté l'histoire, j'ai pris soin de ne la point altérer. Je me suis rappelé ces mots de l'écriture: Dieu n'a pas besoin de mensonge. J'espère que tout homme honnête sérieusement attaché à la connaissance de la vérité, ne pourra rejeter des documents qui peuvent mener d'autre que moi à l'étude approfondie du catholicisme; alors et comme moi il aimera le peuple en Jésus-Christ, il adorera Jésus-Christ pour mieux aimer le peuple. Un jour et ce jour n'est pas loin, l'orgueil de la raison n'osera plus outrager la croix, le sublime symbole du sacrifice volontaire, ce terme le plus élevé de l'amour pour l'humanité. Tous devenus pieux, hommes, citoyens, nous dirons avec la voix partie de Rome: la liberté ne peut rien faire sans la religion, non plus que la religion sans la liberté; les ennemis de la religion sont les ennemis de la liberté, comme les ennemis de la liberté sont les vrais ennemis de la religion. Qui dit religion sans liberté, dit une institution humaine : qui dit liberté sans religion, dit un mot infernal. La religion sans la liberté perd sa dignité : la liberté sans la religion perd son charme. La religion sans la liberté tombe dans l'avilissement : la liberté sans la religion tombe dans l'anarchie. La liberté enlève à la religion ce qu'elle peut avoir d'humiliant pour la conscience : la religion dépouille la liberté de ce qu'elle peut avoir de sauvage. La liberté rend la religion plus belle, comme la beauté rend la vertu plus chère : la religion conserve la liberté, comme le sel empêche la corruption. »

Mes chers concitoyens, ces paroles sont-elles si redoutables, et peuvent-elles inquiéter, parce qu'elles sortent de la sacristie, la souveraineté du peuple ? Il est des hommes qui ne doutent pas d'eux-mêmes et soupçonnent la sincérité du libéralisme du prêtre ; eh bien ! si vous en rencontrez, rappelez-vous cette parole de de Maistre : « Lorsqu'on découvre dans son cœur une mauvaise pensée, on veut toujours la trouver dans l'âme des autres. » J'espère donc que vous croirez à ma sincérité. Vous savez si j'aime ma patrie, vous savez si j'aime le peuple. Mais j'appartiens à L'ÉGLISE : je n'ai point à redire immodestement le peu de bien que la providence m'a donné de faire. Frères, aimons notre France ; une grande mission lui est confiée par Dieu : il ne s'agit pas de liberté pour nous seuls. L'Europe confie ses destinées à la nation intelligente et forte : or, si par de sacriléges préjugés, nous l'arrêtons dans sa marche vers l'avenir, nous serons les maudits du ciel et des peuples. Méritons plutôt par nos vertus et par notre civisme que la nation un jour dise sur notre tombe : *odivit illum ab inimicis et certamen forte dedit*

Poitiers. —

www.ingramcontent.com/pod-product-compliance
Lightning Source LLC
Chambersburg PA
CBHW070304100426
42743CB00011B/2336